Job?

나는 주식투자 전문가가 될 거야!

Job?

나는 **주식투자** 전문가가 될 거야!

허재호 글·그림 | **강병욱** 감수

Special
17

차례

직업 탐험 워크북 나는 **주식투자** 전문가가 될 거야!

등장인물

상호

적극적이고 무엇이든 될 수 있다는 자신감이 넘치는 초등학교 5학년 남자아이다. 게임과 먹는 걸 좋아하는 꿈 많고 호기심 많은 장난꾸러기다. 삼촌과 미래 이모를 소개시켜 주기 위해 미래와 아이디어를 동원하는데…

미래

상호와 같은 반 친구인 여자아이다. 똑똑하고 다부진 성격이지만 숙제를 하기 싫어해 상호에게 숙제를 부탁하는 대신 상호 삼촌에게 이모를 소개시켜 주기로 한다. 새침하고 잔소리가 많지만 이모와 상호 삼촌의 만남을 적극적으로 추진한다.

상호 삼촌

다니던 직장을 퇴사하고 퇴직금으로 투자를 하고 있는 개인투자
자다. 하지만 실적이 좋지 않아 누나인 상호 엄마에게 구박을 받고
있다. 선한 성격에 약간 우유부단하며 마음이 여리다. 하지만 선물
중개인이 되기 위해 철저히 준비하는 추진력이 있다.

미래 이모

상호 삼촌이 한눈에 반할 정도로 예쁜 외모를 가졌으
며 상냥하여 주위 남자들에게 인기가 많다. 애널리스
트로 일하며, 털털한 성격에 인정이 많다. 미래를 위
해 준비하는 상호 삼촌을 보고 호감을 갖는다.

존리

메리츠자산운용 대표로 강연을 하러 갔다가 중요한
자료가 든 가방을 잃어 버린다. 그 가방을 찾아준
상호와 미래에게 감사의 인사를 전하는 마음 따뜻
한 아저씨다.

꿈을 찾아가는
꿈나무를 위한 길잡이

허영만 화백이 그린 만화 《식객》이 한국 음식 문화의 품격과 철학의 깊이를 더한 '음식 문화서'라고 한다면, 《job?》 시리즈는 '바라고 꿈꾸는 것을 이루기 위해 줄기차게 노력하면 반드시 꿈은 이루어진다'는 교육 철학을 담은 직업 관련 학습 만화입니다. 어린이와 청소년들이 만화를 통해 각 분야의 직업을 이해하고, 스스로 장래 희망을 설정하는 데 도움을 주는 진로 교육서이기도 합니다.

꿈과 희망은 사람을 움직이는 가장 강력한 에너지입니다. 꿈과 희망이 있는 사람은 밝고 활기찹니다. 그리고 호기심과 열정이 가득해서 지루할 틈이 없이 부지런합니다. 특히 어린이와 청소년들에게 꿈과 희망은 삶을 긍정적으로 바라보게 하는 가장 강력한 버팀목 역할을 합니다.

어른이 되어 이루는 성공과 성취는 어린 시절부터 바랐던 꿈과 희망이 이뤄 낸 결과입니다. 링컨과 케네디, 빌 게이츠와 오바마, 이들은 어린 시절에 꾸었던 꿈과 희망을 실현하기 위해 노력한 사람들입니다. 삼성을 일류 기업으로 이끈 고(故) 이병철 회장이나 우리나라 경제 발전에 초석을 다진 현대그룹의 고(故) 정주영 회장도 어린 시절의 꿈을 실현한 대표적인 사람입니다. 꿈과 희망 안에는 미래를 변하게 하는 놀라운 능력이 숨어 있습니다. 꿈과 희망을 품고 노력하면 바라던 것이 이루어집니다.

어린이와 청소년들이 스스로 미래를 준비할 수 있도록 도움을 주고자 기획한 《job?》 시리즈는 우리 사회 각 분야의 직업을 다루고 있습니다. 어떤 분야의 직업을 갖고 사는 것이 좋으며 가치 있을지를 만화 형식을 빌려서 설명하여 이해뿐 아니라 재미까지 더하였습니다.

그동안 직업을 소개하는 책은 많았지만, 어린이 눈높이에 맞춘 직업 관련 안내서는 드물었습니다. 이 책의 차별성은 바로 여기에 있습니다. 단순히 각각의 직업이 무슨 일을 하는지를 소개하는 데 그치지 않고 사회적 측면에서 바라본 직업의 존재 이유와 작용 원리를 적절한 용어를 사용하여 어린 독자들의 이해를 돕습니다. 자칫 딱딱할 수 있는 직업 이야기를 맛깔스러운 대화와 재미있는 전개로 설명하여 효과적인 진로 안내서 역할도 합니다.

이 책이 어린이와 청소년들에게 세상의 여러 직업을 깊이 이해하고 자신의 미래를 여는 데 도움을 줄 것이라 기대합니다. 아울러 장차 세계를 이끌 주인공이 될 어린이와 청소년들이 직업과 관련해서 멋진 꿈과 희망을 얻길 바랍니다.

문용린(서울대학교 교육학과 명예교수)

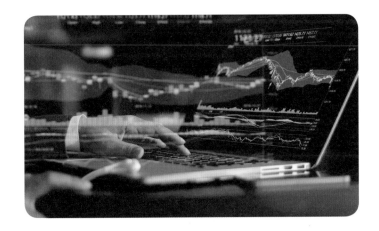

워렌 버핏처럼
주식의 대가가 되려면

우리나라의 교육열은 세계 최고지만, 금융교육은 전무한 수준에 머물고 있는 현실입니다. 금융의 비중과 중요성은 커져가는데 가정, 학교, 사회 어디에서도 돈을 모으고 투자하는 방법을 가르쳐 주지 않습니다. 시험에 나오지 않기 때문이지요.
미국의 경우 초등학교부터 학생들이 참여하는 주식투자클럽 등이 활성화되어 있어 어린이들이 경제와 금융을 접할 기회가 많다고 합니다. 우리나라도 어렸을 때부터 경제와 주식 등에 대해서 공부할 수 있게 해야 합니다.

주식은 단점도 있지만 장점이 훨씬 많은 건전한 재테크 방법입니다. 주식을 산다는 건 기업 일부분의 소유권을 갖는 것과 같습니다. 기업이 성장하면 나의 자산도 늘어나는 것이지요. 하지만 내가 산 주식의 기업 실적이 좋지 않으면 주가가 떨어져 나의 자산도 줄어들게 됩니다. 그렇기 때문에 열심히 공부하고 신중하게 종목을 골라서 투자해야 합니다.

주식은 어른들만 하는 것이라고 생각하는 친구들이 많을 텐데요. 세계적인 투자자 워렌 버핏은 11살 때부터 주식투자를 했답니다. 그래서 세계 제일의 부자가 됐습니다.

주식투자는 어렵지 않답니다. 《job? 나는 주식투자 전문가가 될 거야!》는 주식이 무엇인지, 주식투자는 어떻게 해야 하는지, 주식투자 전문가는 누구이며 어떤 일을 하는지 등을 아주 쉽고 재미있게 설명했답니다. 이 책을 읽고 주식투자에 대해서 배우고 워렌 버핏처럼 주식의 대가가 되길 바랍니다.

글쓴이 **허재호**

주식이란 무엇인가?

학교 다녀왔습니다.

도대체 언제 정신 차릴래!

응?

엄마가 누구한테 화내시는 거지?

뻐끔

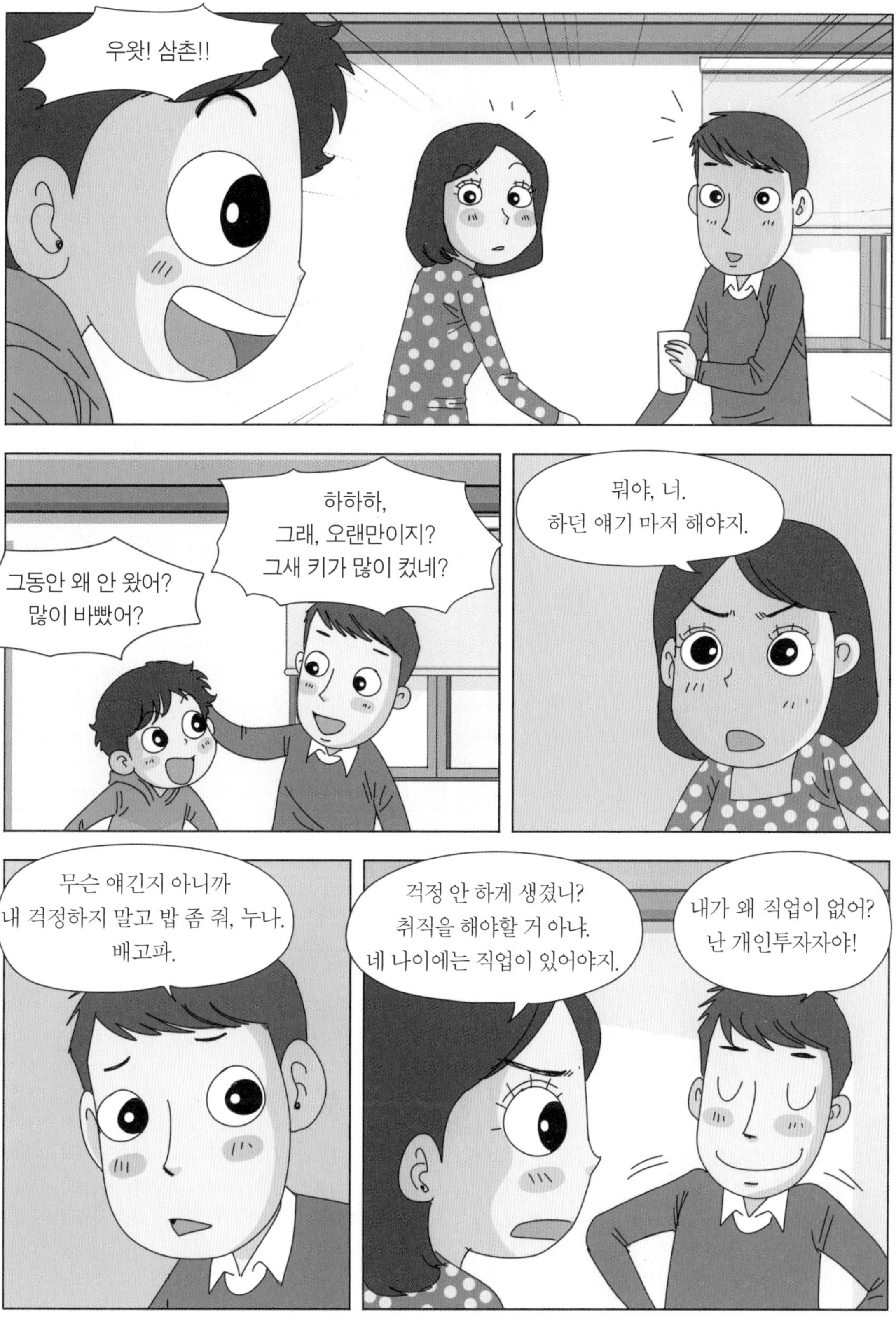
우왓! 삼촌!!
그동안 왜 안 왔어? 많이 바빴어?
하하하, 그래, 오랜만이지? 그새 키가 많이 컸네?
뭐야, 너. 하던 얘기 마저 해야지.
무슨 얘긴지 아니까 내 걱정하지 말고 밥 좀 줘, 누나. 배고파.
걱정 안 하게 생겼니? 취직을 해야할 거 아냐. 네 나이에는 직업이 있어야지.
내가 왜 직업이 없어? 난 개인투자자야!

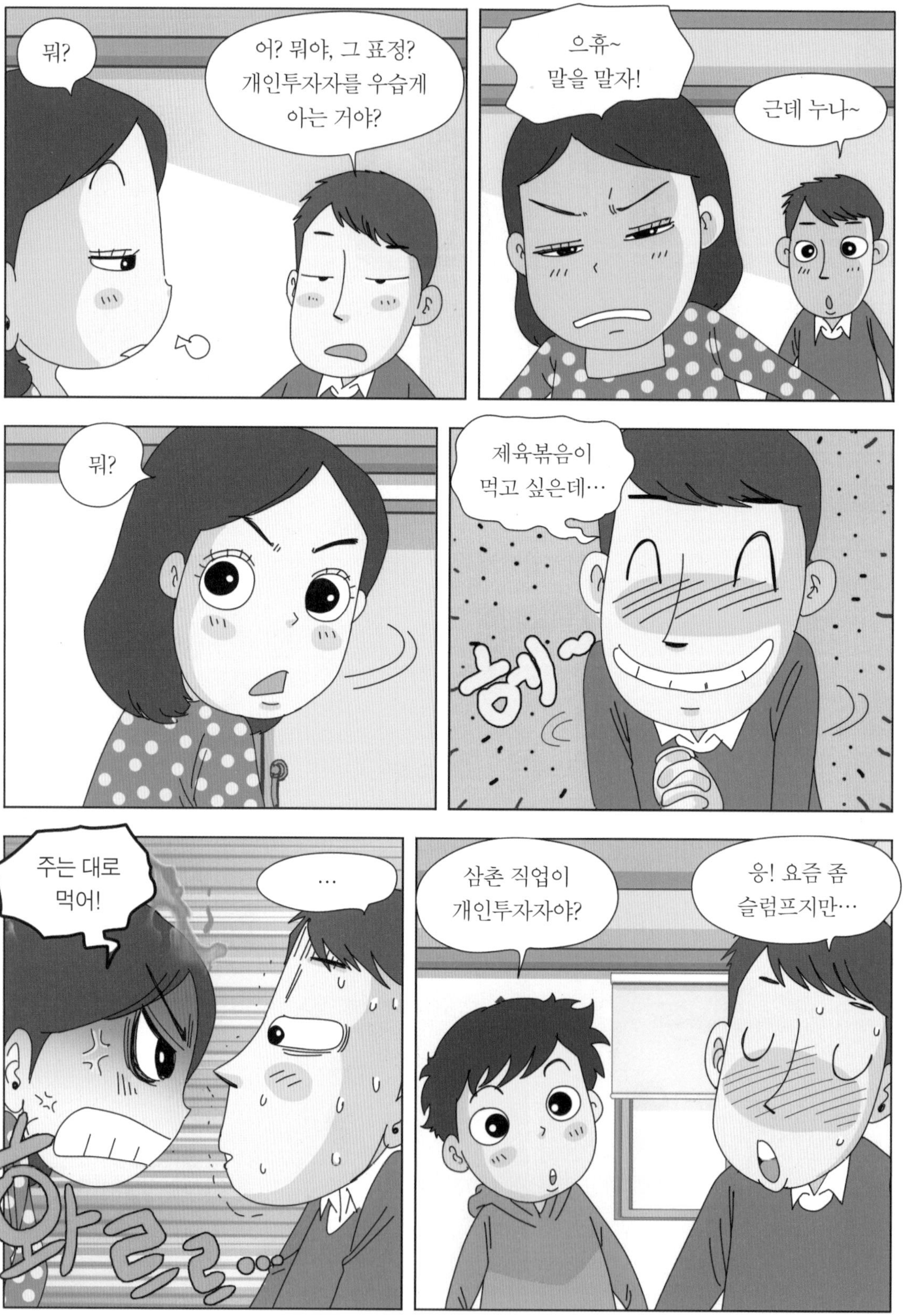
뭐?
어? 뭐야, 그 표정? 개인투자자를 우습게 아는 거야?
으휴~ 말을 말자!
근데 누나~
뭐?
제육볶음이 먹고 싶은데…
헤~
주는 대로 먹어!
…
화르르…
삼촌 직업이 개인투자자야?
응! 요즘 좀 슬럼프지만…

개인투자자가
뭐야?

개인이 자기 돈 갖고
투자하는 사람을
개인투자자라고 하는 거야.

주식투자 주체

● 개인
개인이 개인자금을 가지고 투자하는 것이며,
개미투자자라고도 합니다.

● 기관
금융회사 등 법인이 투자하는 것이며, 금융
투자, 보험, 투자신탁, 은행 등 세부적으로 구
분된 많은 종류의 기관들을 통칭합니다.

● 외국인
헤지펀드, 외국계 금융회사 등 외국국적의
법인(기관)을 통칭합니다.

우와~ 그럼 삼촌
돈이 엄청 많겠네?

아 뭐~ 하하…
그렇다고
할 수 있지.

으쓱

웃기고 있네.

험!

퇴직금에 모은 돈까지
주식으로 싹 날리고
무슨 돈이 많다는 거야?

무슨 소리야!
아니거든!

아니긴! 엄마한테 다 들었어!

…

잘 다니던 회사 퇴직하고 퇴직금 받아서 주식으로 다 날리고 전세 보증금도 빼서 주식 샀다며?

기다려. 이번에 투자한 주식은 분명히 오를 거야.

정신 좀 차려라.

아~ 이렇게 사람을 몰라주나!

으으으으~

몰랐지. 알았으면 진작에 뜯어말렸을 걸.

음…

상호는 어서 씻고 학원 가야지.

네.

두고 봐. 이번에 기필코…

삼촌 주식이 나쁜 거야?

무슨 소리야? 주식이 왜 나빠?

주식은 장점이 많은 재테크 수단이야.

주식

특정 주식회사의 지분 권리를 조각 내고 작게 나누어 사고팔 수 있도록 만든 증서입니다. 기업이 주식을 발행하는 것은 자금을 조달하기 위한 것으로 주식을 발행해서 일반투자자들에게 모은 돈으로 산업자금 또는 기업발전에 필요한 자금으로 사용합니다.

저평가된 회사의 주식을 사서 제 가치로 주식 값이 오르면 많은 수익을 낼 수 있단다.

근데 삼촌은 왜 망했어?

삼촌은 너무 빨리 매도를…

아차!

상호야, 삼촌 망한 거 아냐. 엄마 말 믿지마. 알았지?

…

그리고 주식투자는 너처럼 어릴 때부터 시작하면 더 좋은 거야.

응? 정말?

너 워렌 버핏 알지? 워렌 버핏도 11살 때부터 주식투자를 시작했어.

워렌 버핏

워렌 버핏(1930~)은 투자 역사상 가장 위대한 투자가로 세계 3대 투자가로 꼽힙니다. 가치투자(단기적 시세차익을 무시하고 기업의 내재가치와 성장률에 근거한 우량기업의 주식을 사 장기간 보유하는 투자) 방식을 고수하며, 버크셔 해서웨이의 최고경영자로 활동하고 있습니다.

11살 때?
그렇게 어린 나이에
주식투자를 했단 말이야?

삼촌이 알려 줄게.
너도 해 볼래?

난 돈이 없는 걸.

큰돈이 없어도
용돈을 가지고 작은 돈으로도
시작할 수 있어.

난 주식하는 법도
모르는데…

삼촌이
가르쳐 줄게.

주식을 사는 것을 매수,
파는 것을 매도라고 해.

매수와 매도는
증권거래소를 통해서
이뤄지지.

팔고~

사고~

증권거래소

코스피, 코스닥에 상장되어 있는 주식을 증권사를 통해서 주문하고 증권거래소를 통해서 거래가 이뤄지는 거야.

그리고 주식을 거래하려면 주식계좌가 있어야 해.

주식계좌는 증권사를 통해서 개설할 수 있어. 그리고 수수료와 세금을 내는 데 수수료는 증권사마다 달라.

나도 계좌를 만들 수 있어?

주식계좌는 모바일 앱을 이용해서 개설하니까 어렵지 않아.

하지만!!

??

너는 아직 미성년자라 계좌를 못 만드니 삼촌이 주식이 어떻게 거래되는지 보여 줄게.

봐. 이게 증권거래 사이트야.

여기서 원하는 주식의 수량과 금액을 적으면 거래가 되는 거야.

아하~ 나도 해보고 싶다.

상호처럼 어린이들은 엄마나 아빠가 계좌를 만들어 주어야 해.

뭘 만들어?

헉!!

너 지금 상호한테 뭘 알려주는 거야!

주식이 어때서 그래? 외국에선 아이들에게 주식투자를 가르쳐 줘.

말도 안 되는 소리하고 있네.

어려서부터 주식투자를 배우면 제대로 된 경제관념을 가질 수 있다고.

투자를 하면 뉴스나 신문을 보면서 관련 정보에 자연스럽게 눈이 갈 거고, 기업과 경제 돌아가는 시스템도 알게 된다고.

흠…

듣고보니 틀린 말은 아니긴 한데…

그렇지?

그래도 너한테 배우는 건 안 돼.

나 무시해? 주식투자 경력이 얼만데!

그래서 안 돼!

투자에 실패한 사람한테 뭘 배워.

끙~

상호야, 영어학원 끝났어?

응. 미래 넌?

나도 방금 피아노학원 끝나고 집에 가는 중이야.

너 근데 뭐해? 또 게임하지?

아니거든.

뭐야? 너 주식하니?

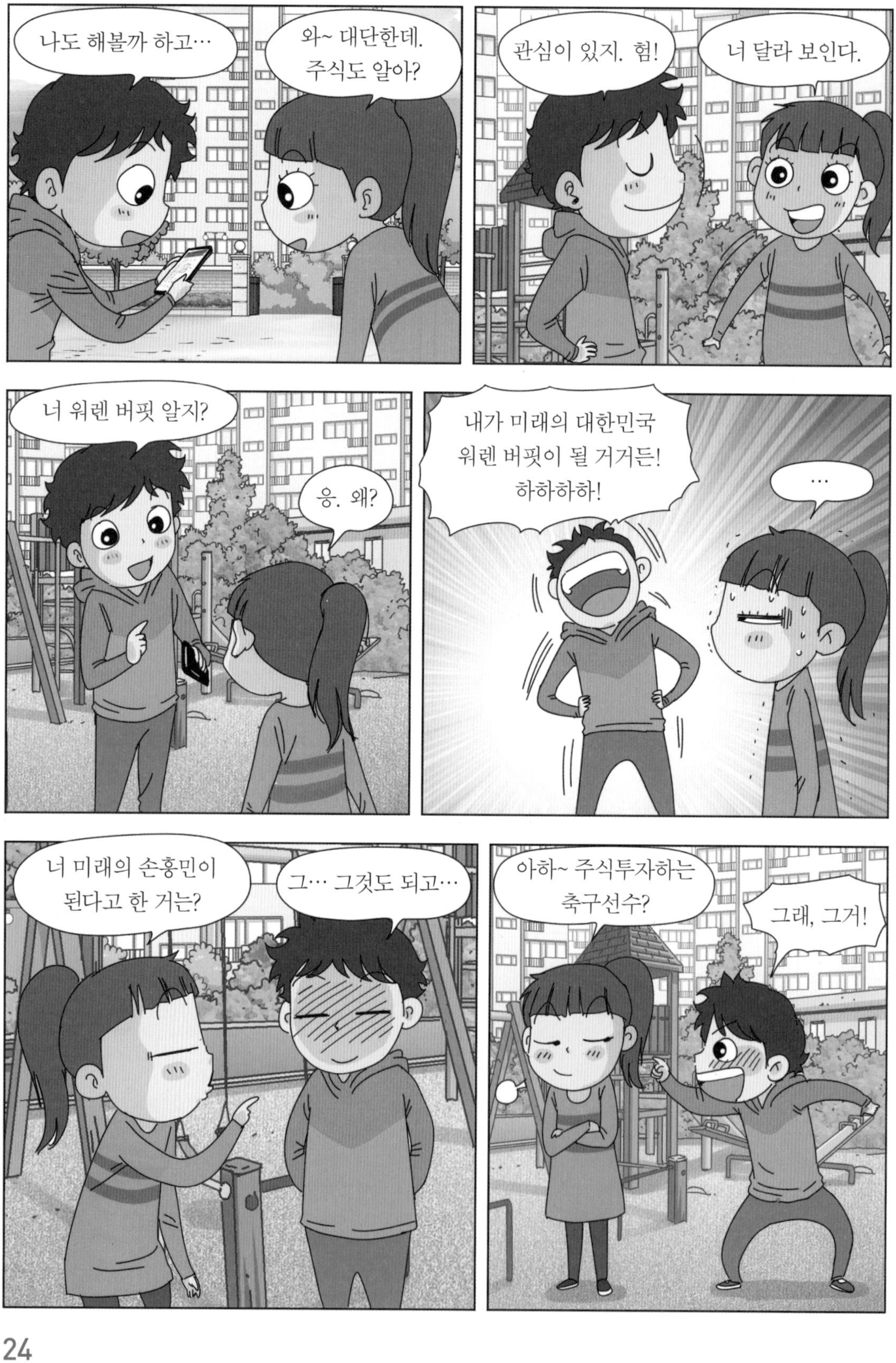
나도 해볼까 하고…
와~ 대단한데.
주식도 알아?
관심이 있지. 험!
너 달라 보인다.
너 워렌 버핏 알지?
응. 왜?
내가 미래의 대한민국
워렌 버핏이 될 거거든!
하하하하!
…
너 미래의 손흥민이
된다고 한 거는?
그… 그것도 되고…
아하~ 주식투자하는
축구선수?
그래, 그거!

축구선수, 야구선수, 파일럿, 의사… 셀 수도 없다.

…

상호 여기 있었구나.

삼촌!

안녕하세요?

내 친구 미래야.

아~ 그래. 너희들 맛있는 거 사 줄까?

먹고 싶은 거 있어?

아니에요. 집에 가봐야 해요.

삼촌은 어디 가?

응. 근처 원룸 좀 알아보게.

앗! 삼촌 우리 동네에서 사는 거야?

그럴까 생각 중이야.

신난다!

앗, 이모!

응?

두둥

아…

아름답다…

학원 끝나고
집에 가는
길이구나?

응. 지금 집에
가는 거야?

같이 들어가자.
더 놀거니?

아니. 같이 가.

응?

27

삼촌, 삼촌…

삼촌 뭐해!

아!

안녕하세요?

상호구나.

공부 잘하고 있지?

네… 네…

근데 옆에
분은…?

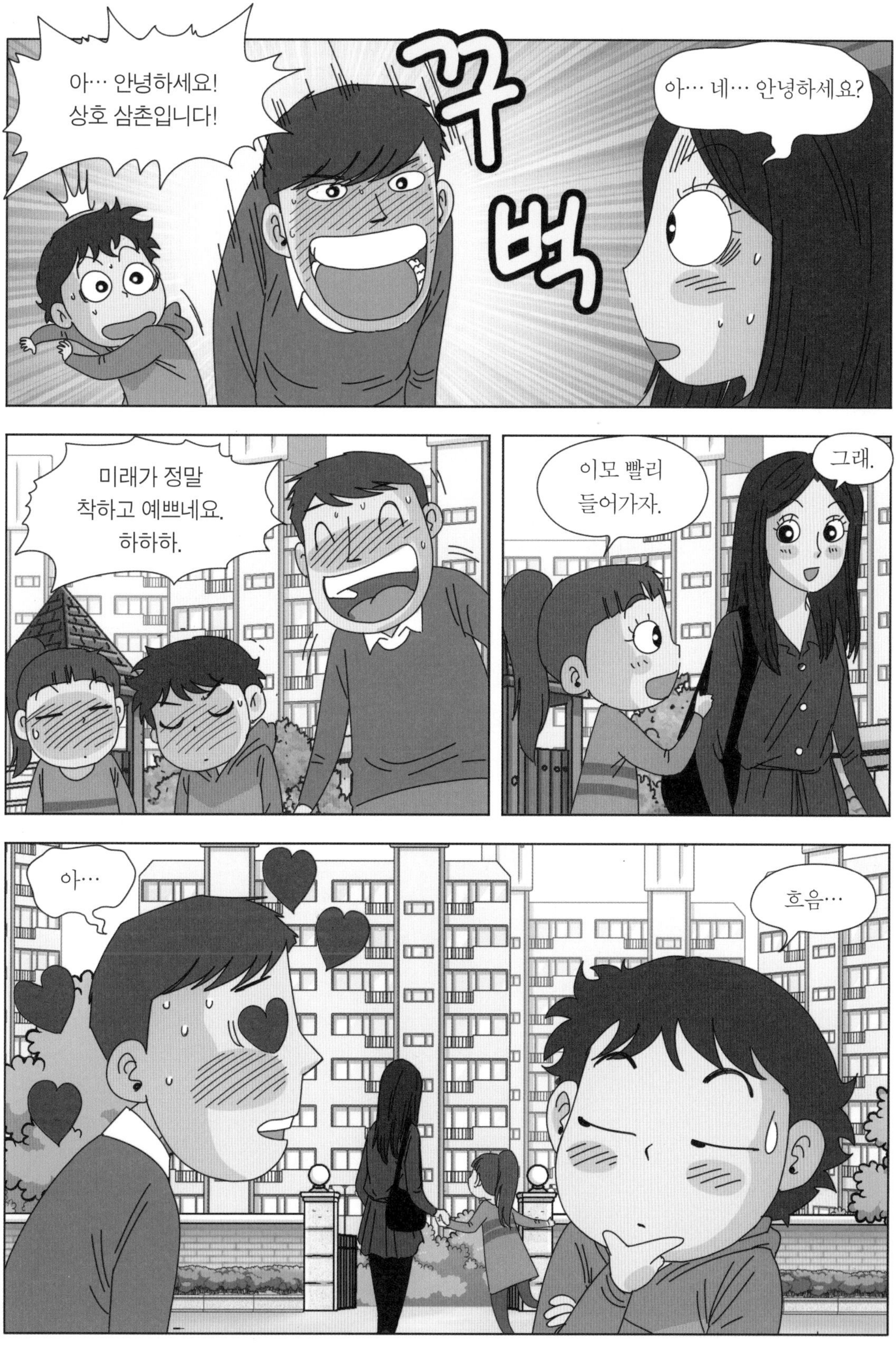
아… 안녕하세요!
상호 삼촌입니다!
꾸벅
아… 네… 안녕하세요?
미래가 정말 착하고 예쁘네요. 하하하.
이모 빨리 들어가자.
그래.
아…
흐음…

정보 더하기

주식의 개념과 종류

2020년 시작된 코로나19 사태가 전 세계로 확산되고 장기화됨에 따라 외국인 투자자들이 대규모로 주식을 팔며 급락세가 이어지자 개인투자자들이 대규모 매수를 함으로 증시 폭락을 막았는데, 이를 동학개미운동이라고 해요. 동학개미들로 인해 주식 열풍이 불었는데, 주식이 무엇이고 주식의 종류는 어떤 것이 있는지 알아볼까요?

● 주식의 개념

주식은 회사에서 돈을 투자해줄 사람들에게 발행하는 지분을 말해요. 기업을 운영하려면 큰돈이 필요한데 혼자서는 큰돈을 마련하기 어려워요. 그래서 많은 사람이 돈을 모아 기업을 경영하고 발전시키는 데 필요한 자금을 마련해요. 그리고 기업은 이러한 사람들에게 주식이라는 증서를 발행해 주는데요. 주식을 가지고 있으면 자신이 가진 만큼 기업운영에 권리를 행사할 수 있어요. 그래서 주식을 가진 사람들을 그 회사의 주주(주식의 주인)라고 불러요.

회사는 주식을 발행해 모은 돈으로 경영을 하고, 이익이 생기면 주주들과 나눠요. 하지만 회사가 경영을 잘못해서 손해가 나거나 파산했을 경우에는 돈을 돌려받지 못할 수도 있어요. 즉 주식에 투자하여 이익을 볼 수도 있고, 손해를 볼 수도 있어요. 그렇기 때문에 주식을 살 때는 신중하게 고르고 여유자금으로 투자해야 해요.

● 주식의 종류

주식은 보통주, 우선주로 나눌 수 있는데 일반적으로 주식이라고 하면 흔히 보통주를 말해요. 보통주는 주식을 소유한 만큼 기업에 의결권을 행사할 수 있고 이익배당을 받을 수 있어요. 우선주는 채권적 성격을 띠고 있으며 보통주보다 이익, 이자배당 등에 있어서 우선적 지위가 인정되지만, 주주총회에서 내세울 의결권이 없어 회사 경영에 참여할 수 없어요.

시가총액을 기준으로 대형주, 중형주, 소형주로 나눌 수 있고, 기업 규모를 기준으로 코스피와 코스닥으로 나눌 수도 있어요. 또한 투자 목적을 기준으로 나눈다면 주도주, 가치주, 성장주, 배당주의 네 가지로 나눌 수도 있어요.

주도주는 주식시장의 상승을 이끌어가는 종목으로 대장주라고도 해요. 특정 시점에 인기가 있는 업종으로 해당 업종의 종목들은 상승 시 종합주가지수보다 높은 수익률을 기록하는 경우가 많아요. 가치주는 기업의 가치나 재무상태보다 낮은 가격에 거래되는 주식을 말하고, 성장주는 앞으로 성장 가능성이 높은 주식을 말해요. 배당주는 배당을 꾸준히 많이 하는 기업의 주식을 말하는데 국내보다는 미국 주식이 배당주에 속하는 기업이 많아요. 배당을 많이 주면 기업의 성장성이 떨어질 수 있기 때문에 무조건 좋은 것은 아니에요.

미래 이모에게 반한 삼촌

안녕하세요~

하아~

너무 예뻤어. 완전 내 이상형이야~

으으 머리에서 떠나질 않아.

삼촌!

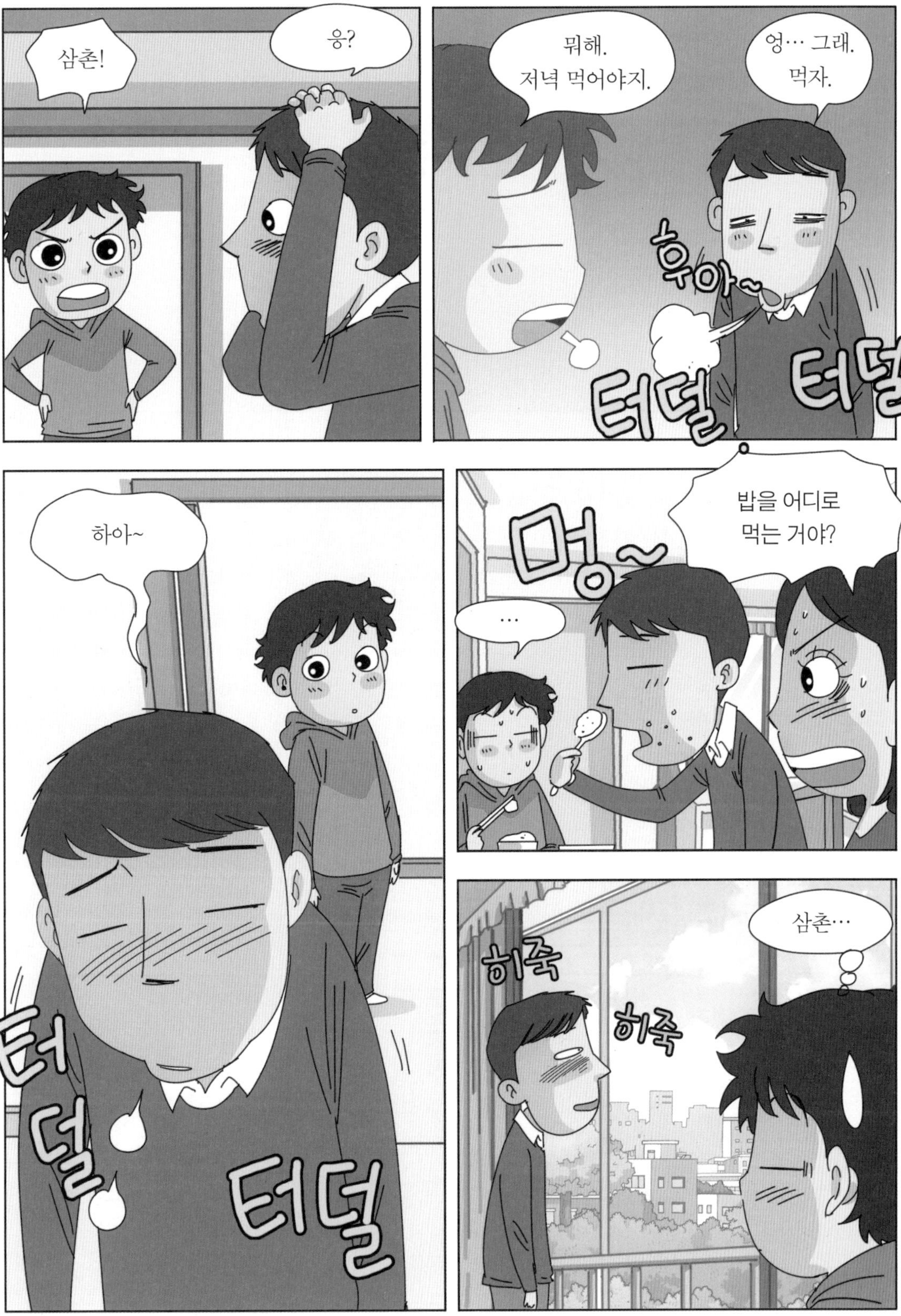
삼촌!
응?
뭐해.
저녁 먹어야지.
엉… 그래.
먹자.
후아~
터덜
터덜
하아~
터
덜
터덜
멍~
밥을 어디로
먹는 거야?
…
삼촌…
히죽
히죽

정말?

맞아. 내가 볼 땐 확실해.

또 또 넘겨 짚는다.

맞다니까. 어제 너희 이모 보고 나서 넋이 나갔다니까.

너희 이모한테 완전히 반한 거야.

하긴 뭐, 우리 이모가 한 미모하지.

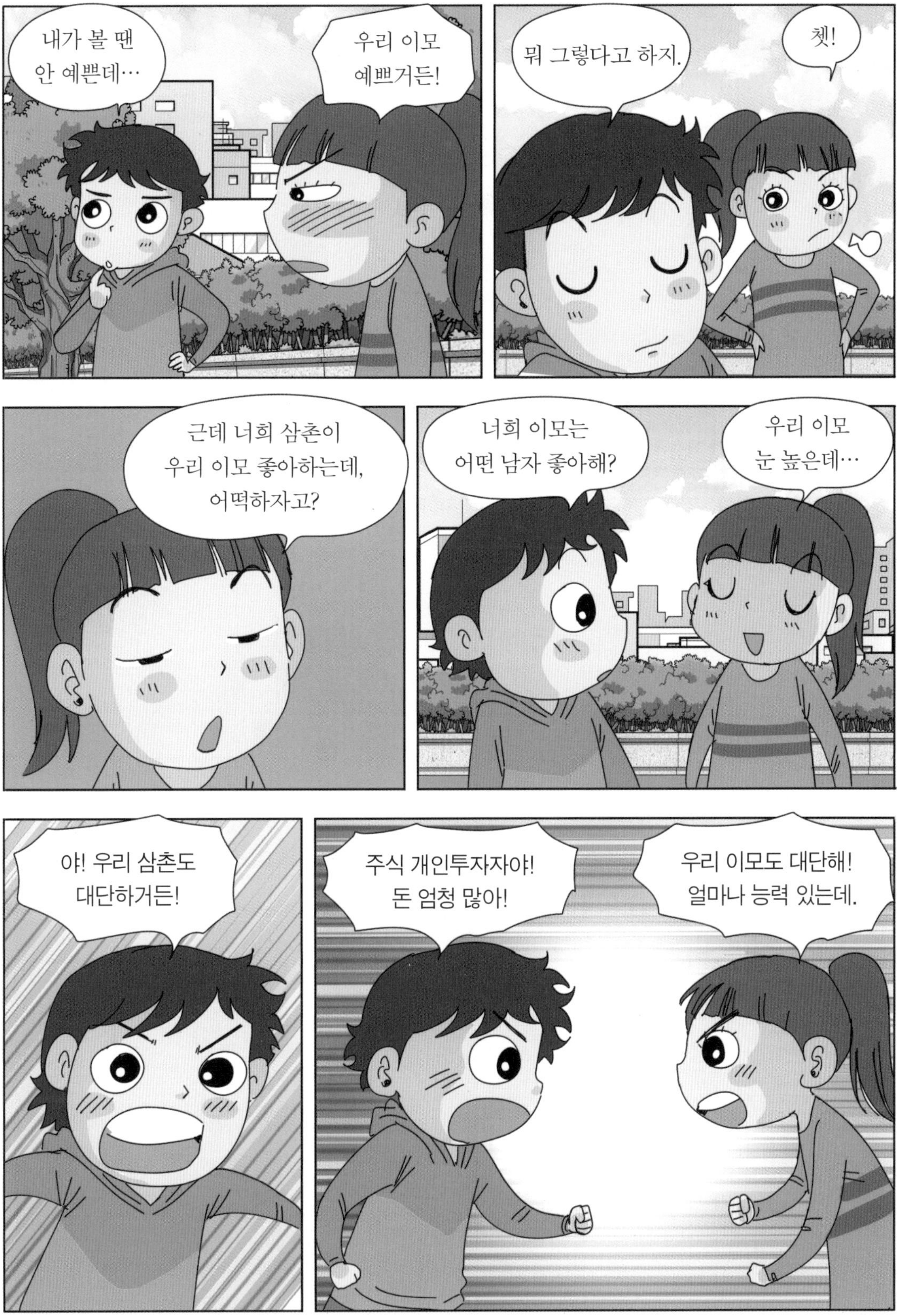
내가 볼 땐 안 예쁜데…
우리 이모 예쁘거든!
뭐 그렇다고 하지.
쳇!
근데 너희 삼촌이 우리 이모 좋아하는데, 어떡하자고?
너희 이모는 어떤 남자 좋아해?
우리 이모 눈 높은데…
야! 우리 삼촌도 대단하거든!
주식 개인투자자야! 돈 엄청 많아!
우리 이모도 대단해! 얼마나 능력 있는데.

너희 이모
뭐 하는데?

뭐라더라~
애널리스트?

엥? 그게 뭐야?

삼촌.

어? 왜?

삼촌,
왜 그렇게 기운이 없어?

쿠엥~

무슨 소리야?
기운이 없다니…

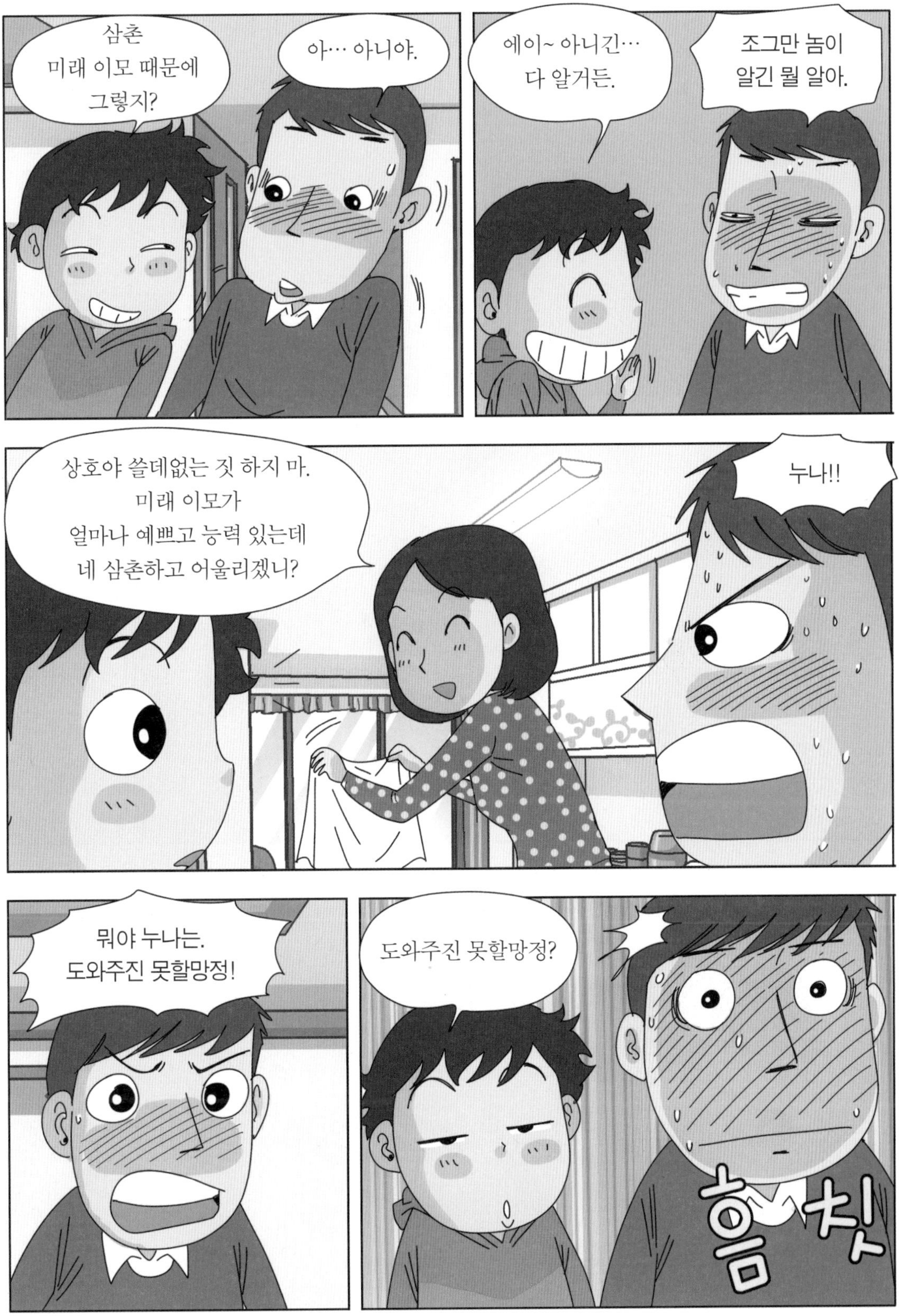

삼촌
미래 이모 때문에
그렇지?
아… 아니야.
에이~ 아니긴…
다 알거든.
조그만 놈이
알긴 뭘 알아.
상호야 쓸데없는 짓 하지 마.
미래 이모가
얼마나 예쁘고 능력 있는데
네 삼촌하고 어울리겠니?
누나!!
뭐야 누나는.
도와주진 못할망정!
도와주진 못할망정?
흠칫

사실 정말
내 이상형이시더라고.

행여 꿈도 꾸지 마.
괜히 망신시키지 말고.

으~~~

삼촌. 미래 이모 직업이
뭔지 알아?

뭐야?
뭔데? 뭔데?

험! 뭐 그냥
궁금해서…

애널리스트라고
했던가?

애널리스트!

쿠쿠쿵

애널리스트(투자분석가)

주식종목, 국내외 경제 상황,
시장 및 기업 경영 현황 등을
분석하여 소속 금융사나 일반투자자에게
투자 자문을 합니다.

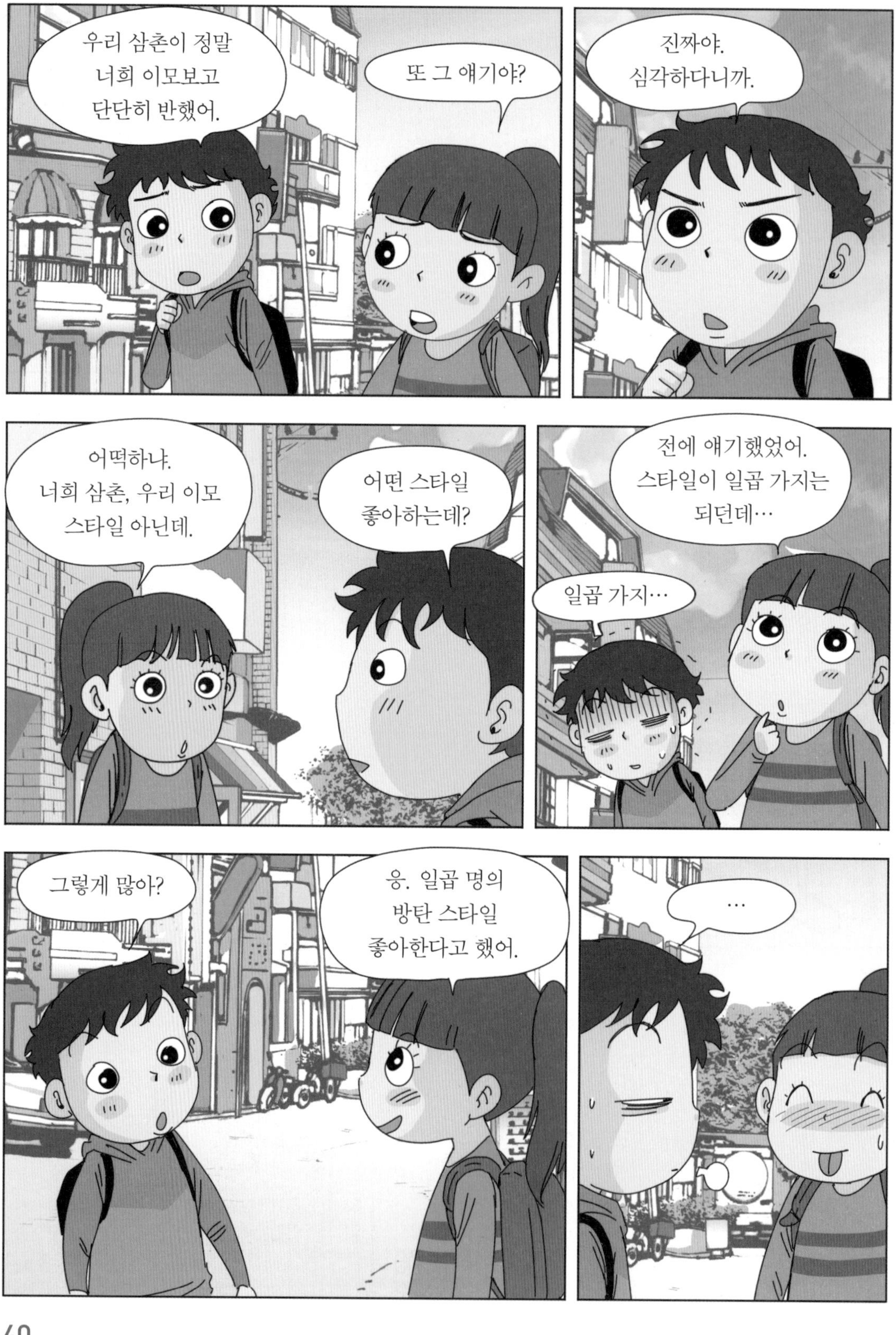
우리 삼촌이 정말
너희 이모보고
단단히 반했어.
또 그 얘기야?
진짜야.
심각하다니까.
어떡하냐.
너희 삼촌, 우리 이모
스타일 아닌데.
어떤 스타일
좋아하는데?
전에 얘기했었어.
스타일이 일곱 가지는
되던데…
일곱 가지…
그렇게 많아?
응. 일곱 명의
방탄 스타일
좋아한다고 했어.
…

애들아.

응?

삼촌!

와~ 어디 다녀와?
매일 운동복
차림이더니…

이 녀석!
삼촌 원래 이렇게 입어.

안녕하세요?

아~ 그래.
미래구나!

너희들 배 안 고파?
삼촌이 맛있는 거 사 줄게.

저는
아이스크림이요!

나는 떡볶이 사 줘!

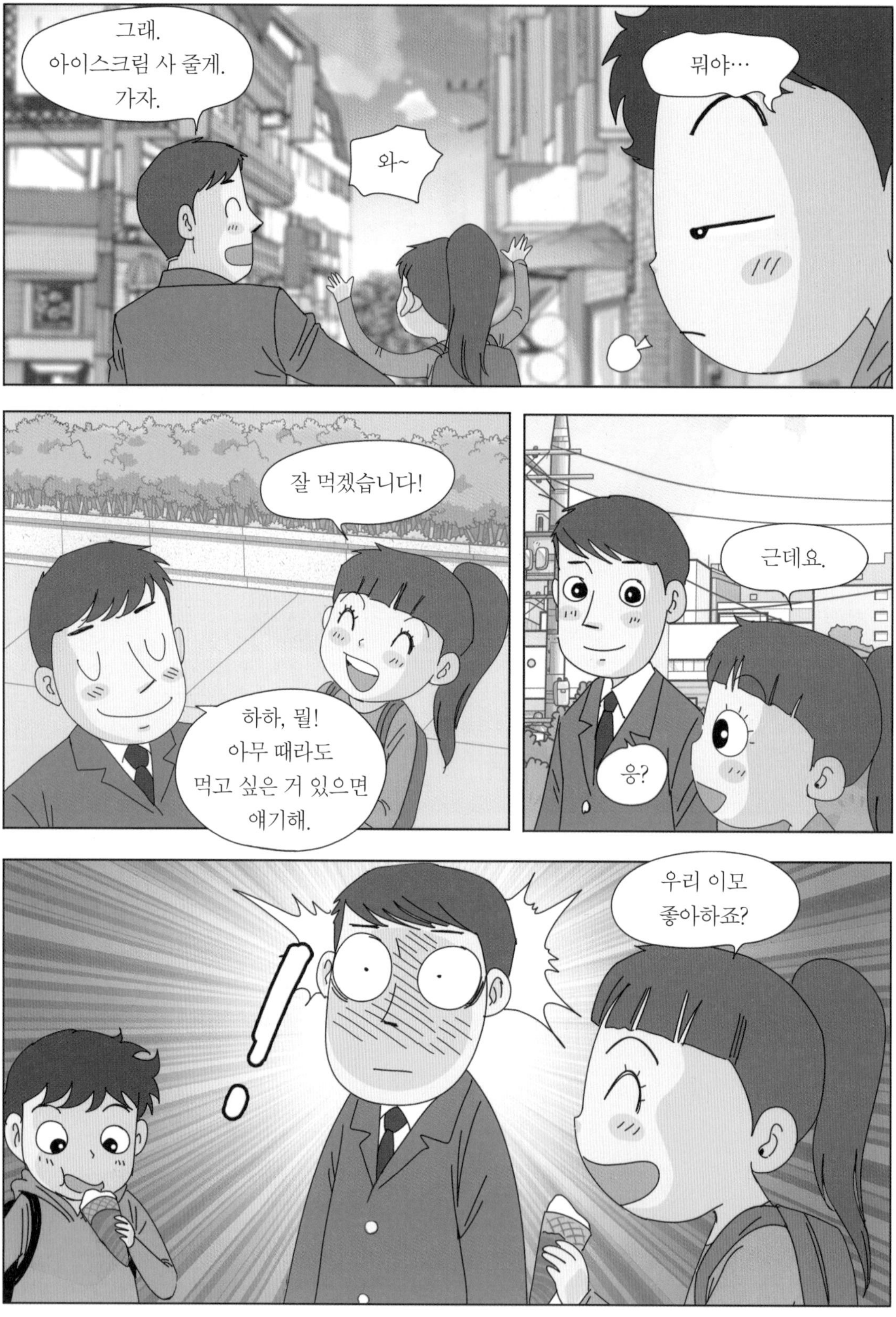
그래.
아이스크림 사 줄게.
가자.
와~
뭐야…
잘 먹겠습니다!
하하, 뭘!
아무 때라도
먹고 싶은 거 있으면
얘기해.
근데요.
응?
우리 이모
좋아하죠?

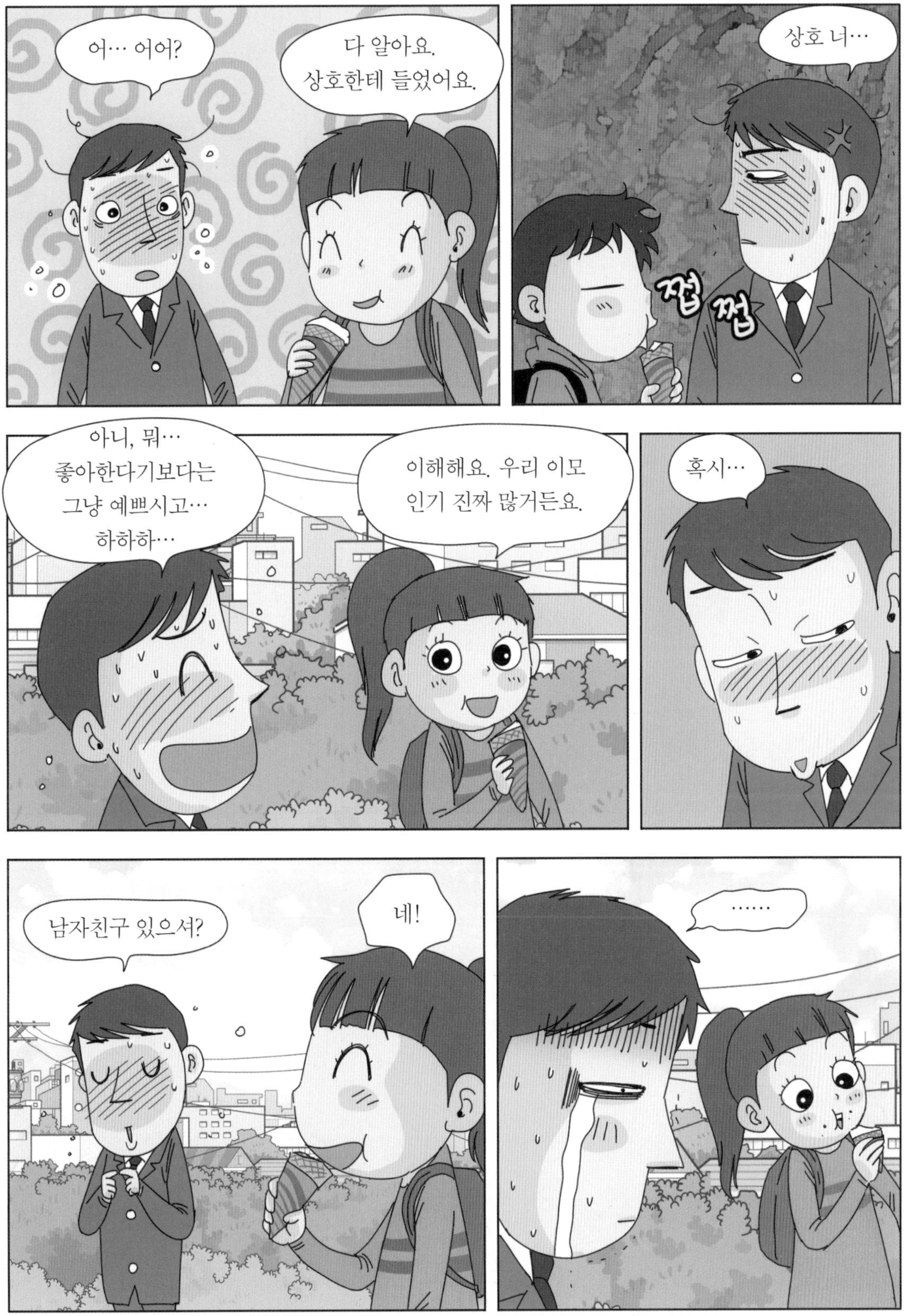

어… 어어?
다 알아요. 상호한테 들었어요.
상호 너…
쩝 쩝
아니, 뭐… 좋아한다기보다는 그냥 예쁘시고… 하하하…
이해해요. 우리 이모 인기 진짜 많거든요.
혹시…
남자친구 있으셔?
네!
……

그럼 그렇지. 없을 리가 없지…

되게 많아요. 내가 본 남자친구만 다섯 명은 될 걸요.

아… 아니 그런 친구말고 뭐 애인이라던가…

아니요. 없을 걸요.

그것 때문에 엄마하고 매일 다퉈요. 언제 결혼할 거냐고. 이모는 아직 생각없다고 하고…

엥?

응?

그래! 아직 나에게 기회가 있다!!

……

부들

부들

44

안녕하세요.
또 뵙네요.

응?

흐헉!!

미래하고
상호도 있었네.

이모~

날씨가 추운데
웬 아이스크림이야?

상호 삼촌이
사 주셨어.

앗! 그게 날씨가 추워서
안 된다고 해도
먹고 싶다고 해서…

언제?

…

감사합니다. 미래가 조르진 않았나요?

아니에요. 얼마나 착하고 예쁜데요.

보면 귀여워서 자꾸 사 주고 싶어요.

예쁘게 봐 주셔서 감사해요.

하하하 아니 뭐…

현아씨, 집들이 선물 빨리 가져오세요.

아! 맞다!

잘못하면 늦어요.

네, 금방 다녀올게요.

뭐야. 이 녀석은…

흠~ 아파트 단지가
조용하니 좋네~

아저씨,
안녕하세요.

아, 미래구나.

뭐…뭐야.
왜 저렇게 무섭게
노려보지?

오늘
무슨 일 있어요?

응. 회사동료 집들인데
이모가 선물을 집에
두고 왔다 해서…

아~

이모 오면
바로 가야지.

근데 이 분은…

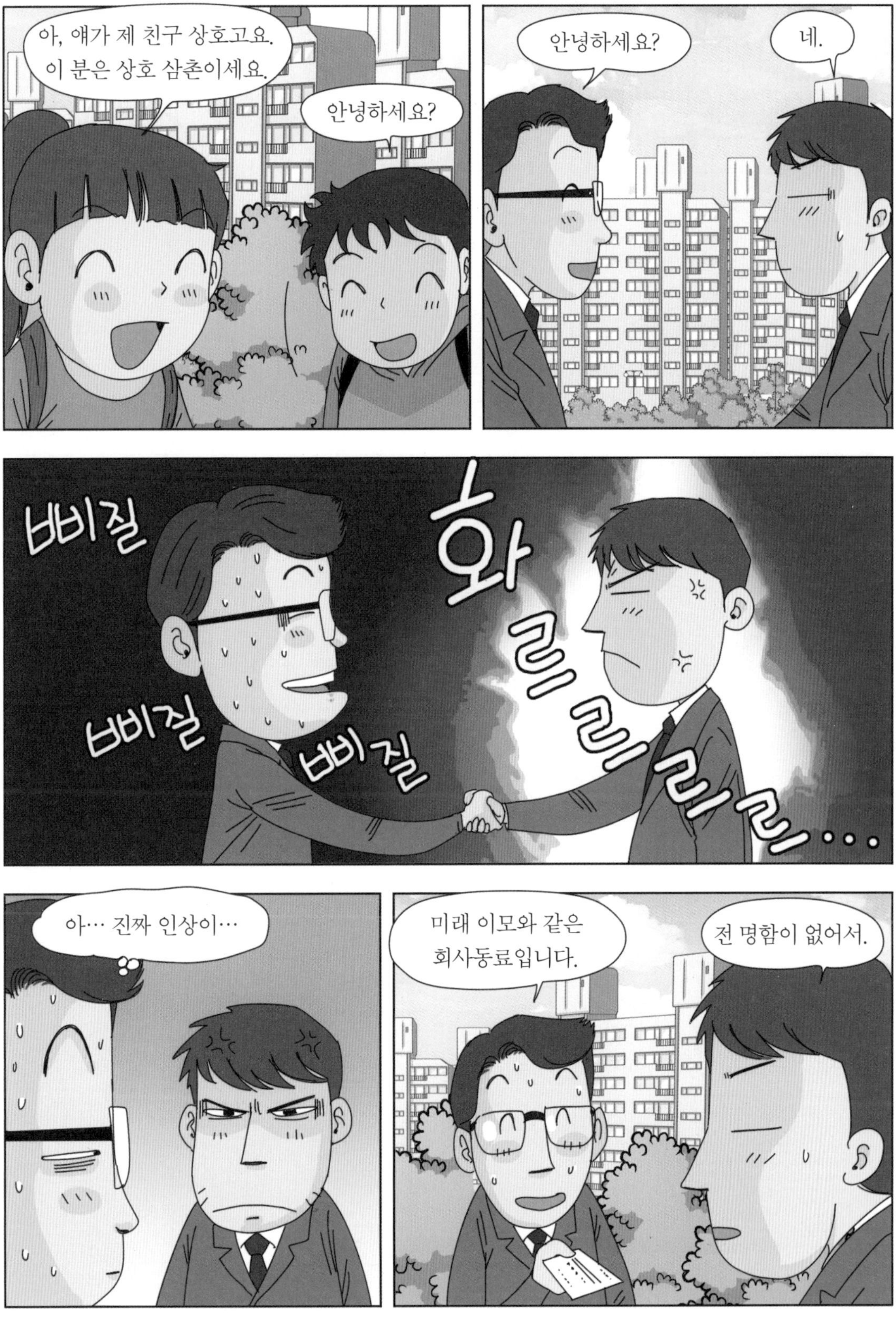
아, 얘가 제 친구 상호고요. 이 분은 상호 삼촌이세요.
안녕하세요?
안녕하세요?
네.
삐질
삐질
삐질
화르르르르…
아… 진짜 인상이…
미래 이모와 같은 회사동료입니다.
전 명함이 없어서.

괜찮습니다.

응? 펀드매니저?

아저씨, 펀드매니저예요?
펀드매니저가 뭐예요?

아, 펀드매니저를
잘 모르는구나.

어떤 일을
하시는 거예요?

펀드매니저(금융자산운용가)

투자신탁, 연금 등의 기관투자가나 개인투자가의
자산이 투자목적에 맞게 운용될 수 있도록 투자 전
략에 대한 정보를 제공하고 계획을 세워 운용합니
다. 수익증권이나 뮤추얼펀드와 같은 간접투자 상
품을 개발하고 판매합니다.

쉽게 말하면 개인이
은행, 증권사 같은 판매사에게
돈을 주고

은 행

증 권 사

그 판매사가 우리 같은 운용사에게 모은 자금을 줘서 펀드를 만들게 되는 거지.

은행
증권사
펀드매니저

와~ 수익이 엄청 많을텐데 그걸 아저씨가 다 갖는 거에요?

하하, 수익의 전부가 아니라 기본적으로 맡겨진 금액에 대해서 일정 부분 수수료를 받아.

완전 주식투자 프로다! 우리 삼촌은 개인투자자인데…

음…

삼촌도 이 분한테 돈을 맡겨서…

개인이 펀드매니저에게 직접 주는 경우는 없어.

아까 들었잖아. 은행, 증권사 같은 판매사를 통한다고!

왜 화를 내지?

그리고 펀드매니저의 일은 주식투자를 하는 게 아니라 투자를 대신해 주는 거야.

51

주식은 여러 가지 투자 가능한 자산 중의 하나일 뿐이고 다른 투자에도 펀드매니저가 많단다.

채권부터 부동산, 파생상품, 해외자산 펀드매니저까지…

운용자산의 효율적인 투자계획을 세우고, 자금 사정의 변화와 주식시장의 변동 및 장래시장의 흐름을 파악해서 투자전략을 세우지.

투자배분 상의 손실 위험을 피하기 위해 주식, 채권, 파생상품, 현금 등으로 구분하여 운용하는 등 위험관리도 담당한단다.

펀드매니저가 되려면 어떻게 해야 돼요?

공부를 열심히 하면 돼.

펀드매니저가 되기 위해선 일반적으로 투자자산운용사 자격이 있어야 해.

펀드매니저가 되려면?

펀드매니저가 되려면?

금융투자 관련 법규, 투자기법, 리스크 관리, 주식·파생상품 등 투자대상에 대한 분석 방법 등의 지식이 필요하므로 대학에서 경제학과, 금융 및 보험 관련 학과, 수학과, 통계학과 등을 전공하는 것이 유리합니다.

틈틈이 경제·금융 관련 뉴스나 전문가 분석 등 경제신문을 보는 습관을 갖는 것도 도움이 되지.

윽. 뉴스라니…

큭큭큭…

펀드매니저는 회사 또는 고객의 자산을 운용하는 업무를 담당하기 때문에 강한 윤리의식과 책임감, 성실함이 필요해.

그리고 진취적이고 탐구적인 사람, 스트레스 감내, 자기통제 능력, 분석적 사고 능력을 가진 사람들에게 유리하지.

그건 난데…

많이 기다리셨죠?
이제 가요.

미래야, 이모
다녀올게.

저기…

네?

잘 다녀오세요~

아… 네…

집들이 선물
뭐 샀어요?

잘 어울린다.

신혼부부 같아.

삼촌, 우리도
집에… 응?

뭐지… 이 울분은…

정말 네 삼촌
심각하다.

그렇지?

주식의 역사

역사적으로 살펴보면 주식, 주식회사와 유사한 개념은 고대 로마에서도 발견할 수 있어요. 그러나 공식적으로 인정받는 최초의 주식회사는 1602년 설립된 네덜란드 동인도회사예요. 주식은 어떻게 생겨났고, 발전해 왔는지 주식의 역사를 알아볼까요?

16세기 인도 항로와 아메리카 항로를 개척하면서 유럽에는 대항해시대가 도래했어요. 한 번의 항해만으로도 무역으로 엄청난 수익을 얻게 되면서 수많은 사람이 대양무역에 투자했어요. 그러나 항해는 배가 침몰하면 막대한 손실을 입거나, 원금조차 돌려받지 못하는 상황이 벌어지기 때문에 이런 위험이 부담스러웠던 사람들은 위험부담을 줄이기 위해 서로의 자본을 합쳐, 각자의 지분만큼만 책임을 지는 유한회사를 설립했어요. 이 덕분에 위험은 줄이고 거대한 자본을 가진 주식회사 개념이 등장하게 되었어요. 이렇게 최초로 등장하게 된 회사가 네덜란드의 동인도회사예요. 1602년 네덜란드는 6개의 동인도회사 모두를 1개의 네덜란드 연합 동인도회사로 통합시켰어요. 1606년 회사에 투자한 사람들에게 미래에 발생할 수익에 대한 권리를 부여했으며, 이는 오늘날의 주식배당과 유사한 개념이에요.

그러다 동인도회사에 투자한 사람들 중 급하게 돈이 필요한 사람들은 어느 정도 이익을 얻고 주식 권리를 포기하려 했고, 반대로 다른 사람들은 동인도회사의 주식 권리를 사거나 더 가지려고 하면서 이 둘 간의 주식거래가 이루어지게 됐어요. 이 거래가 보다 편하게 이뤄지기 위해 1609년 '암스테르담 증권거래소'가 설립되었어요. 즉 개인이 주식을 거래소에서 사고팔 수 있는 형태의 주식회사가 만들어진 것이에요.

또한 이 시기에 은행을 만들기도 하면서 후에 네덜란드는 은행, 증권거래소, 주식회사를 하나의 금융 체계로 통합하면서 큰 자금을 확보하게 되었답니다. 동인도회사가 투자한 사람들에게 원래 약속한 배당은 3.5% 정도였지만 무역으로 벌어들인 엄청난 수익으로 최대 75%라는 배당수익률을 제공했어요. 현재의 주식 시스템은 이러한 배당금과 수익금을 보고 유사하게 만들어진 것이에요. 다만 현대 주식은 '배당금을 받을 수 있는 권리' 자체를 하나의 상품으로 인식하고 있어요. 75%라는 높은 배당수익률을 받으면서 사람들은 배당금보다는 주식의 가격 자체에 관심을 두기 시작했어요. 동인도회사 주식이 거래된 지 얼마 되지 않아 동인도회사 주식에 대한 주식 선물, 옵션, 신용거래, 출자전환 등이 등장했으며 최초의 공매도도 이 회사에서 나왔답니다.

존리 강연장에서

으아아! 뭐야!

삼촌 왜 그래?

아아… 어제 올랐을 때 팔았어야 했는데…

상호야.

?

지난 번에 산 주식이 떨어졌대. 삼촌 방에 들어가지 마.

…

삼촌이 불쌍해.

왜?

투자한 주식이
떨어졌대. 완전 침울해
있어.

삼촌 기분 좀
풀어주고 싶은데…

아 그래!
너희 이모하고
소개팅시켜 줄까?

글쎄…
우리 이모가 할까?

자연스럽게 만나게 해주면 되지.

아, 나한테 좋은 생각이 있어. 그런데 조건이 있어.

뭔데?

내 과학숙제 도와줘.

뭐?

싫음 말고.

으음…

그래! 불쌍한 삼촌을 위해!

약속했다.

알았어. 근데 좋은 생각이라는 게 뭐야?

존리

펀드매니저 출신으로 메리츠자산운용의 대표이사를 맡고 있습니다. 뉴욕대 회계학과를 졸업했으며, 미국 투자회사인 스커더스티븐스앤드클라크에서 코리아 펀드를 만들어 높은 수익률을 기록했어요. 활발한 강연과 방송 출연, 유튜브를 통해 한국의 투자 문화를 바꾸기 위해 노력하고 있습니다.

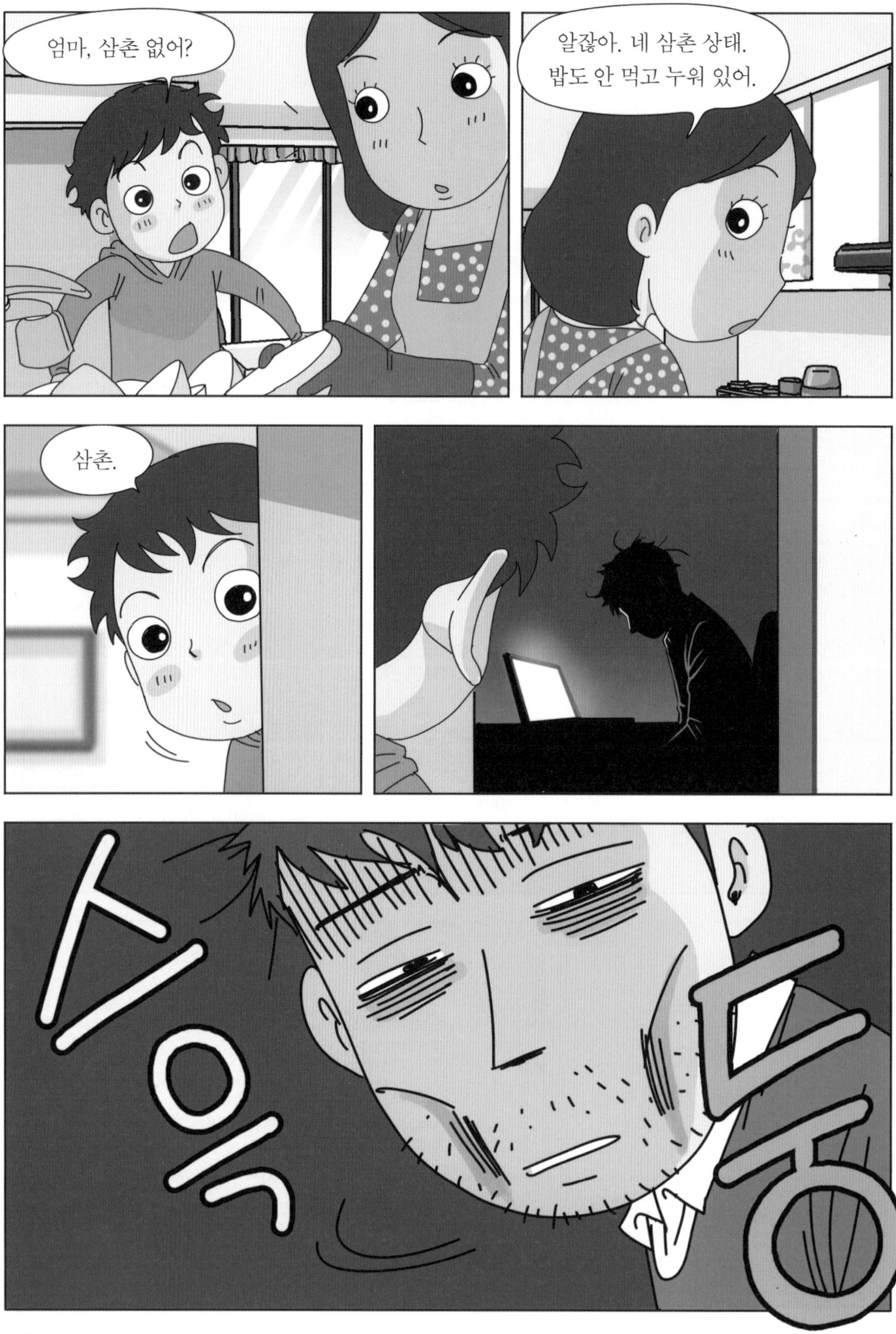
엄마, 삼촌 없어?
알잖아. 네 삼촌 상태. 밥도 안 먹고 누워 있어.
삼촌.

딸깍 딸깍

삼촌은 존리 강연
안 들어? 이번 주에
강연한다던데…

존리를 네가
어떻게 알아?

방송에 나와서 주식에 대해서
이야기해주는 아저씨잖아.
얼마나 유명한데!

후우~ 몰라.
다 귀찮다.

어쩔 수 없지.
미래 이모는
간다던데…

잠깐. 이번 주말?

응.

이번 주! 이번 주 어디서 강연을 하지? 검색! 검색!

큭큭…

와~ 사람 많다.

너희 삼촌 여기 온 거 맞아?

당연하지. 오늘 아침에 얼마나 차려입고 나갔는데.

킥킥…

근데 너희 이모는
안 보이네.

앗! 저기!

헉! 뭐야. 너희 이모
혼자 온 게 아니잖아.

나도 몰랐어.

우리 삼촌 어떡하냐.
둘이 온 거 보면 더
좌절할텐데…

으~ 작전 실패다.

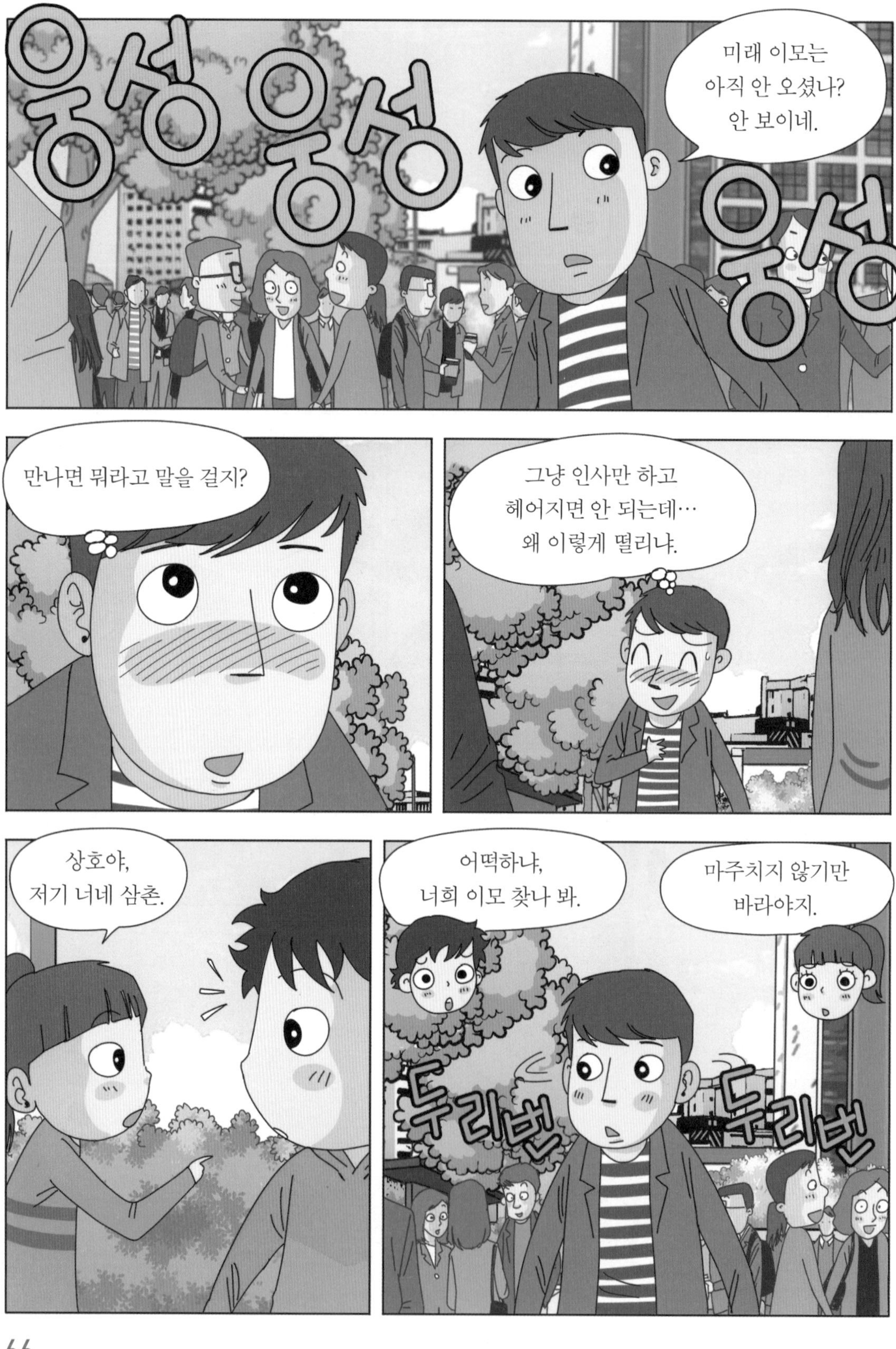
웅성 웅성
미래 이모는 아직 안 오셨나? 안 보이네.
웅성
만나면 뭐라고 말을 걸지?
그냥 인사만 하고 헤어지면 안 되는데… 왜 이렇게 떨리냐.
상호야, 저기 너네 삼촌.
어떡하냐, 너희 이모 찾나 봐.
마주치지 않기만 바라야지.
두리번 두리번

응?

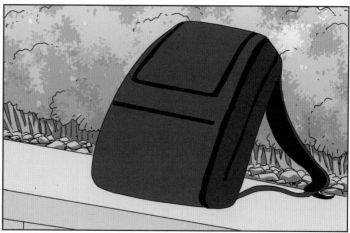

가방이 왜 여기에…
누구거지?

안에 봐 봐.
뭐가 있나.

노트북하고
서류들인데…

누가
잃어버렸나 봐.

주인 찾아 줘야겠다.

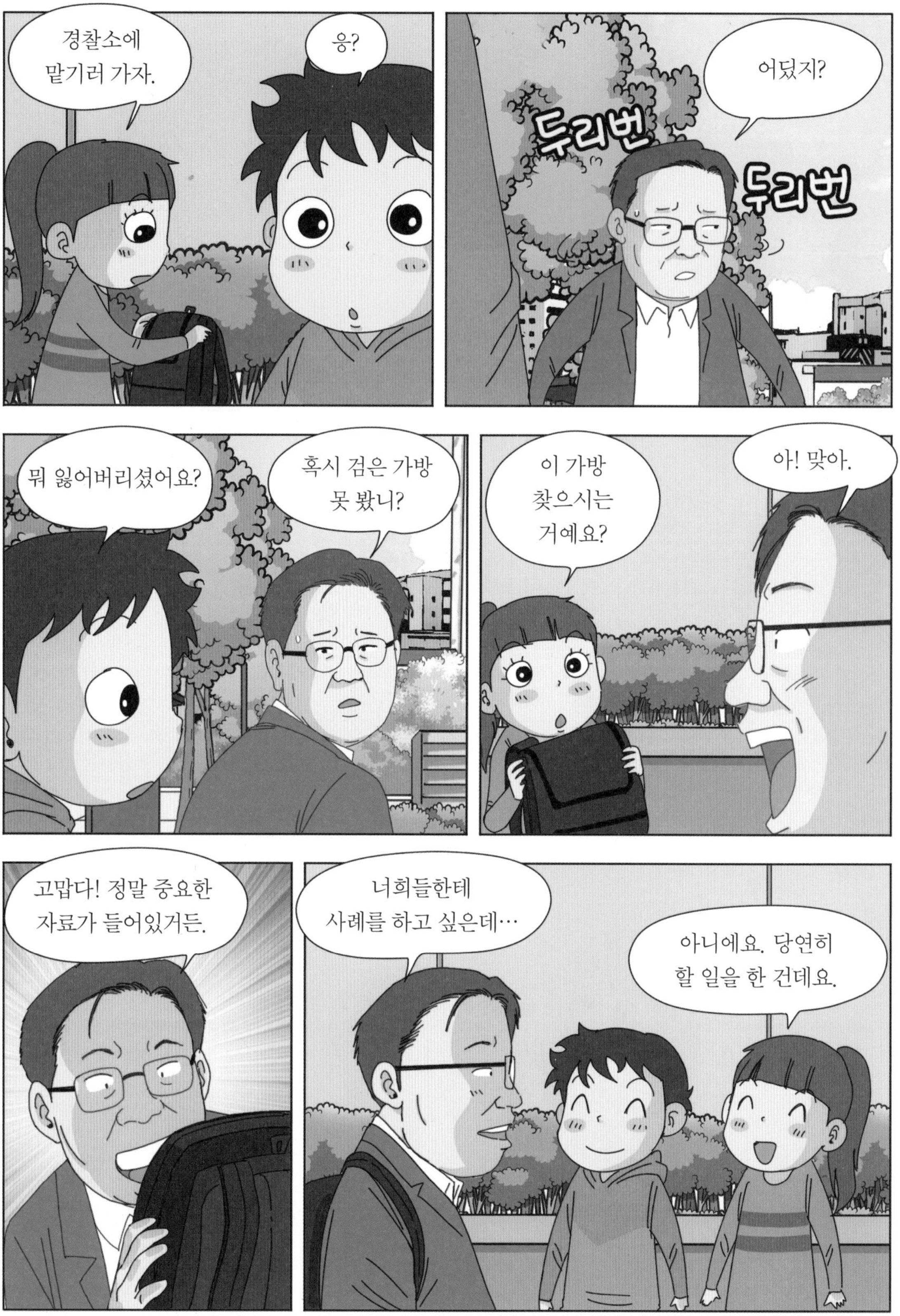
경찰소에 말기러 가자.
응?
두리번
두리번
어딨지?
뭐 잃어버리셨어요?
혹시 검은 가방 못 봤니?
이 가방 찾으시는 거예요?
아! 맞아.
고맙다! 정말 중요한 자료가 들어있거든.
너희들한테 사례를 하고 싶은데…
아니에요. 당연히 할 일을 한 건데요.

너희도 강연 들으러 왔니?

저희 삼촌이…

삼촌이랑 같이 왔구나. 기특해라.

대표님, 시간이 다 됐습니다.

애들아, 고마웠다.

네, 안녕히 가세요.

아참! 삼촌하고 이모는 만났나?

이럴 수가…

뭐야… 혼자가 아니잖아.
그 때 그 직장동료와…

둘이 보통 사이가 아니야.
동료가 아니라 사귀는
사이인가 봐.

그럼 그렇지.
그냥 집에 가자.

이제 곧 촌리 대표님의 강연이
시작되겠습니다. 밖에 계신 분들은
강연장으로 들어와 주세요.

어머, 안녕하세요?

안녕하세요?

반갑네요. 여기서 만나다니… 존리 대표님 강연 보러 오신 거예요?

아… 그…

지금 시작하는데 빨리 들어가죠.

후우~

주식은 사는 것이 아니라
모으는 것입니다.
월급의 10%를 장기투자하세요.

쉽게 사고팔아 이득을 챙긴다고
생각하면 안 됩니다.

주식은 기업을 사는 것이고
기업과 동업한다는 마인드로
투자해야 합니다.

나무를 키우듯이
주식에 10년, 20년
장기투자해야 해요.

필요없는 소비를 줄이고
그 돈을 주식에 투자하세요.

부자가 되려면 생각을 바꿔야 합니다.

제가 미국에서 배운 투자원칙 10가지가 있는데요.

1. 금융문맹에서 벗어나려면 금융지식이 중요하다.
2. 주식은 파는 것이 아니다. 팔기 위해서 사지 마라.
3. 회사에 투자하는 것이지, 시장에 투자하는 것이 아니다.
4. 사교육비 줄이고 그 돈으로 투자하자.
5. 주식투자는 필수! 여유가 없어도 할 수 있다.
6. 복리의 마법을 믿어라.
7. 투자를 위한 라이프 스타일로 바꿔라.
8. 장기투자의 관점으로 바라봐야 한다.
9. 은행예금은 가장 위험한 투자 방법이다.
10. 누구나 부자가 될 수 있다.

아직 안 끝났나?

너희 이모 남자친구 없다며.

응. 없어.
아까 그분은
직장동료라니까.

아닌 거 같아.

아마 우리 이모 좋아서
쫓아다니는 걸 거야.

웅성 웅성 시끌

시끌

끝난 거 같다.

삼촌은 그냥
집에 간 거 아냐?

앗, 저기
너희 삼촌 나온다.

삼촌!

탁
탁
탁

응? 너희가 왜 여기에 있어?

아… 그냥 이 근처 놀러 왔었어.

여기 놀 게 뭐 있다고…

존리 강연은 어땠어?

좋은 강연이었지. 그런데 너희는 여기 계속 있을 거야? 삼촌은 이제 집에 갈 건데…

우리 이모도 여기 왔는데… 같이 가요.

아냐. 다른 분과 같이 왔던데… 먼저 집에 가야지.

이게 아닌데…

75

애들아.

응?

큭

허헉! 조…
존리…?!

다행히 안 가고
여기 있었구나.

안녕하세요?

너희들한테
사례를 하고 싶은데…
이거 용돈해라.

감사합니다!

괘… 괜찮…

…

안… 안녕하세요.
강연 잘 들었습니다.

감사합니다.
제 강연 들으러
오셨군요.

네. 근데
저희 조카하고는…

아, 이번 강연 준비한 자료들을
가져온 가방을 잃어버렸는데
아이들 덕분에 찾았습니다.

아~

아이들이
기특하네요.

아… 네.

정말 좋은
강연이었어요.

그러니까요.
오길 잘했습니다.

그냥 가긴
그렇고…
저녁 어때요?

좋아요.
근데 저녁 먹기엔 좀
시간이 애매한데…

여기 근처
좋은 카페 많은데 가죠.

아 맞다. 이 근처
영숙씨 살고 있잖아요.
나오라고 할까요?

아… 그냥
우리끼리…

응?

어머! 저기 존리 대표님이신데.

네?

고마웠다, 얘들아.
다음에 또 보자구나.

안녕히 가세요.
존리 아저씨.

만나서 반가웠습니다.

네, 안녕히 가세요.

아아…
존리 대표님과…
이거 영광인데.

얘들아 어떻게 된 거야?

이모!

너희가 여기 어떻게 왔어?

근처 놀러 왔다가 이모 만나려고 왔지.

안녕하세요? 근데 존리 대표님과는…

네… 네?

삼촌하고 잘 아는 사이래요.

와~ 어떻게 존리 대표님과 아세요?

아… 그게…

대단하시네요. 저도 어떻게 대표님께 소개 좀…

아… 네. 뭐 기회되면…

80

주식투자 하신다더니 존리 대표님과도 친분이 있으시고 대단하시네요.

그… 그렇죠 뭐. 하하하…

너 미쳤어?

뭐 어때. 앞으로 안 볼텐데.

근데 너희 이모 눈빛 봤어? 눈이 초롱초롱해지셨어.

그 아저씨가 유명하긴 한가보다.

끝나고 어디 가세요?

아니요, 약속도 없고… 집에 가야죠.

그렇다면 저희 지금 카페 갈 건데, 같이 가세요.

네?

주식투자의 장단점

주식투자는 오랜 기간 주식을 보유하는 장기투자와 짧은 기간에 사고팔아 단기간에 이익을 내는 단기투자가 있어요. 주가는 매일 오르내리며 자주 변동하기에 신중하게 투자해야 해요. 주식투자의 장단점은 무엇인지 알아볼까요?

● 주식투자의 장점

① 빠르게 현금으로 바꿀 수 있어요. 부동산, 토지투자 등은 매수자와 협의하여 매매가 이루어지는데, 그 기간이 오래 걸려요. 즉 다른 투자에서는 팔고 싶을 때 바로 팔아서 현금으로 바꿀 수 없는 경우가 많지만, 주식은 매수, 매도가 비교적 쉬워서 몇 시간 동안에도 여러 번 사고팔 수 있답니다.

② 적은 돈으로도 시작할 수 있어요. 주식은 한 주에 몇백 원에서부터 100만 원까지 다양한 가격대가 있기 때문에 내가 가진 돈에 맞춰 주식을 살 수 있어요. 시간이 지날수록 점차 투자한 주식의 양을 늘리면 되기에 처음에는 아주 적은 돈으로도 시작할 수 있어요

③ 다양한 선택이 가능해요. 여러 분야의 많은 회사가 있기 때문에 선택할 수 있는 주식도 다양하게 있어요. 코스피, 코스닥 종목만 해도 2,000개가 넘는답니다. 또 해외주식도 살 수 있어요.

● 주식투자의 단점

① 수익이 반드시 보장되지 않아요. 실적이 좋은 회사의 주식을 오랜 기간 보유하고 있으면 높은 수익률을 내지만, 실적이 좋지 않거나 회사의 주식이 상장폐지되면 큰 손해를 볼 수도 있어요.

② 변동성이 높은 편이에요. 주식시장은 변동성이 심해요. 주가가 폭등할 수도 있고 폭락할 수도 있어요. 건실한 회사의 주식이라도 경제 불황이나 팬데믹, 재난, 전쟁 등이 발생할 경우 주가는 크게 하락해요. 그래서 5~10년 정도 긴 시간 동안 매도하지 않고 기다리는 인내심이 필요해요.

③ 도박처럼 중독될 수 있어요. 주식투자로 쉽게 수익을 얻거나 많은 돈을 잃으면 더 많은 돈을 투자하게 돼요. 주식의 가치와 미래 전망을 잘 분석해서 주식에 투자해야 하는데 급한 마음에 소문만 믿고 투자해서 큰 손해를 볼 수 있으니 조심해야 해요. 주식은 그 회사의 주인이라는 마음으로 투자해야 하는 것이지, 사고팔아서 차익을 얻으려고만 하면 안 돼요.

미래를 위한 준비

전 먼저 가보겠습니다.

왜요? 같이 저녁먹기로 해놓고…

생각해보니 약속이 있어서… 월요일에 봐요.

동료분도 같이 가시는 거 아니었어요?

선약이
있대요.

이얏호~

??

아… 하하.

너네 삼촌
좀 이상해.

나도 창피해.

근데 주식투자한다고
하셨는데 투자만 전문적으로
하시는 거예요?

coffee

아, 이번에 다른 직장으로
옮기려고 알아보고 있습니다.

삼촌 개인투자자예요.
능력 엄청 좋아요.

제발…
쉿! 쉿!

야, 넌 좀 나서지 마.
너무 띄워주면
속 보이잖아.

혹시 생각하는 쪽이
계신가요?

저는 선물중개인에
관심이 많습니다.

생일 때 받는
선물?

하하… 그런 선물이 아니라
삼촌이 말하는 선물은 파생상품의 한 종류로
선매후물(선매매, 후물건 인수도)의
거래방식을 말하는 거야.

선물중개인
(선물거래중개인)

선물시장의 동향을 분석하여
고객에게 시장정보를 제공합니다.
국내외 선물시장에서 투자고객에게
선물거래의 매매권리를 위탁받아
거래를 대행합니다.

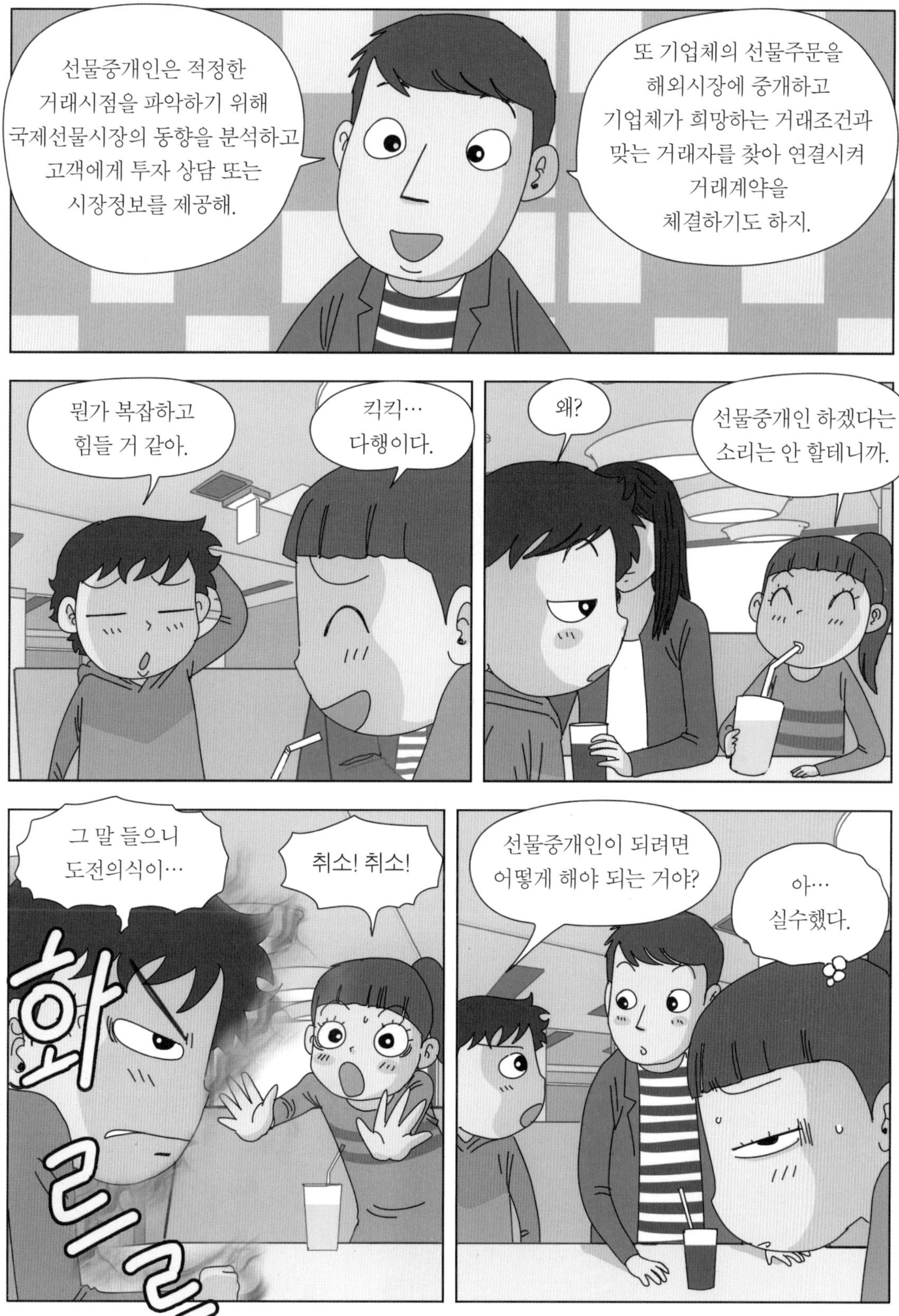
선물중개인은 적정한 거래시점을 파악하기 위해 국제선물시장의 동향을 분석하고 고객에게 투자 상담 또는 시장정보를 제공해.
또 기업체의 선물주문을 해외시장에 중개하고 기업체가 희망하는 거래조건과 맞는 거래자를 찾아 연결시켜 거래계약을 체결하기도 하지.
뭔가 복잡하고 힘들 거 같아.
킥킥… 다행이다.
왜?
선물중개인 하겠다는 소리는 안 할테니까.
그 말 들으니 도전의식이…
취소! 취소!
화르르
선물중개인이 되려면 어떻게 해야 되는 거야?
아… 실수했다.

선물, 옵션거래, 선물거래시장조사 및 분석방법 등에 대한 전문 지식은 물론이고 경제학, 수학, 통계학 등의 지식도 필요해.

국내외 실물 경제에 대한 자료를 신속하고 정확하게 이해하고 판단할 수 있는 능력, 금융시장 변화에 유연하게 대처할 수 있는 위기관리 능력도 갖춰야 하지.

아…

큭큭… 포기?

대학은 경영학, 경제학, 무역학과를 전공하면 좋단다.

맞다. 삼촌 경제학과 나왔잖아.

그치.

잘되셨으면 좋겠네요.

네. 열심히 하고 있으니 잘되겠죠.

열심히?

뭐? 뭐?
더 먹고 싶은 거 있어?
케이크 사 줄까?

아니에요.
조금 이따가
저녁 먹을건데 지금
먹으면 안 되죠.

네? 저… 저녁요?

전 아이들도 같이 나와서
저녁 먹고 들어가는 줄 알고…

먹어야죠!
먹어야죠!

아아아~ 드디어
나에게도
꽃피는 봄이…

뭔가 분위기가
좋은데…

그러게~

그럼 우린 이제
사돈지간 되는 건가?

뭐래.
앞서가지 마.

잘됐으면
좋겠네요.

몇 군데 넣어놨으니
잘될 겁니다.

대단하세요. 다니던 직장
그만두고 새로 시작한다는 게
쉬운 일이 아닌데.

제가 좀 진취적인
성격이라… 하하하.

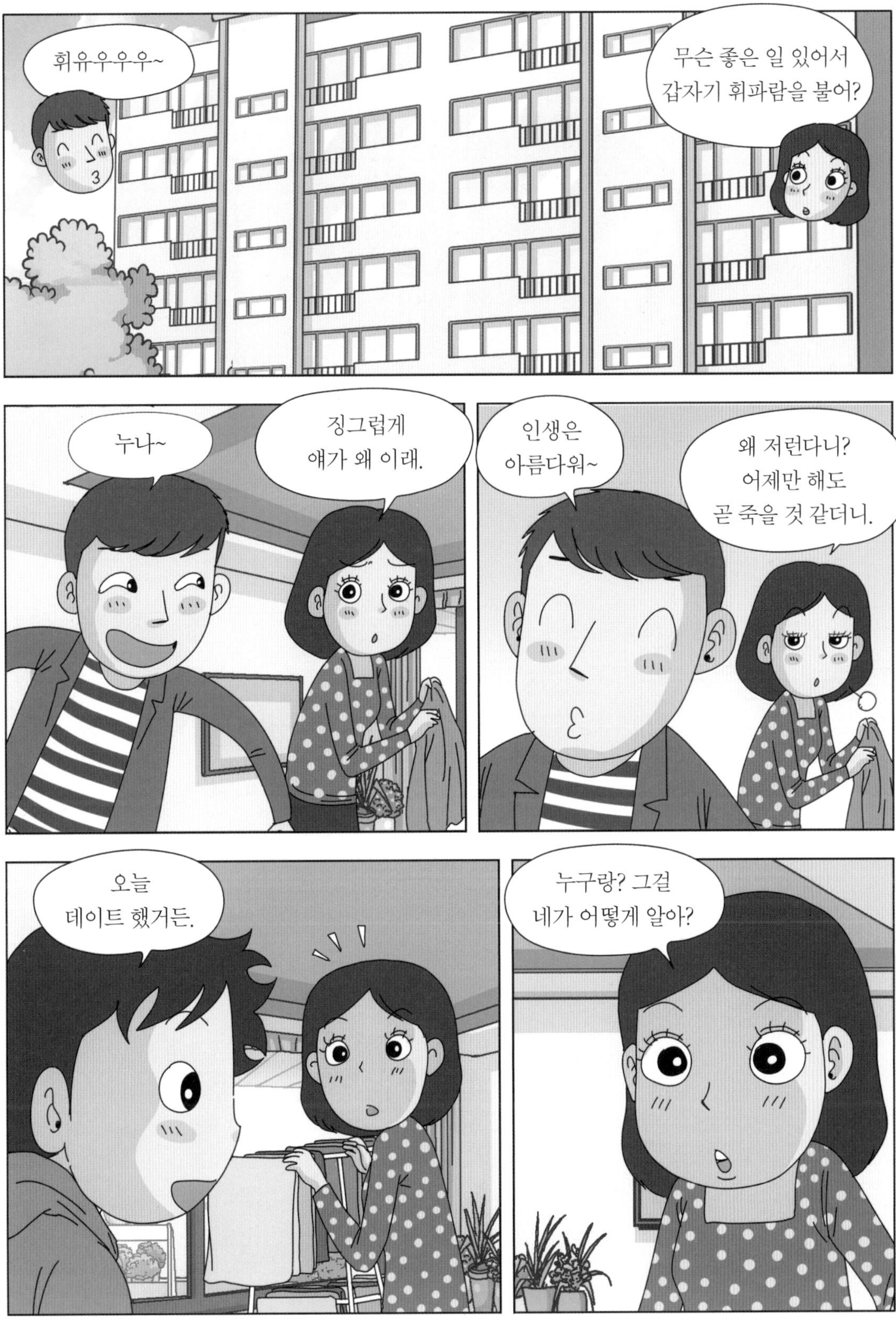
휘유우우우~
무슨 좋은 일 있어서 갑자기 휘파람을 불어?
누나~
징그럽게 얘가 왜 이래.
인생은 아름다워~
왜 저런다니? 어제만 해도 곧 죽을 것 같더니.
오늘 데이트 했거든.
누구랑? 그걸 네가 어떻게 알아?

미래 이모하고 저녁 먹었어.

뭐? 정말?

응, 분위기가 얼마나 좋았는데.

미래 이모가 네 삼촌을 마음에 들어할 리가 없는데…

다음 날

어제 이모가 뭐래?

아무 얘기도 안 하던데.

삼촌하고 잘될까?

그건 모르지.

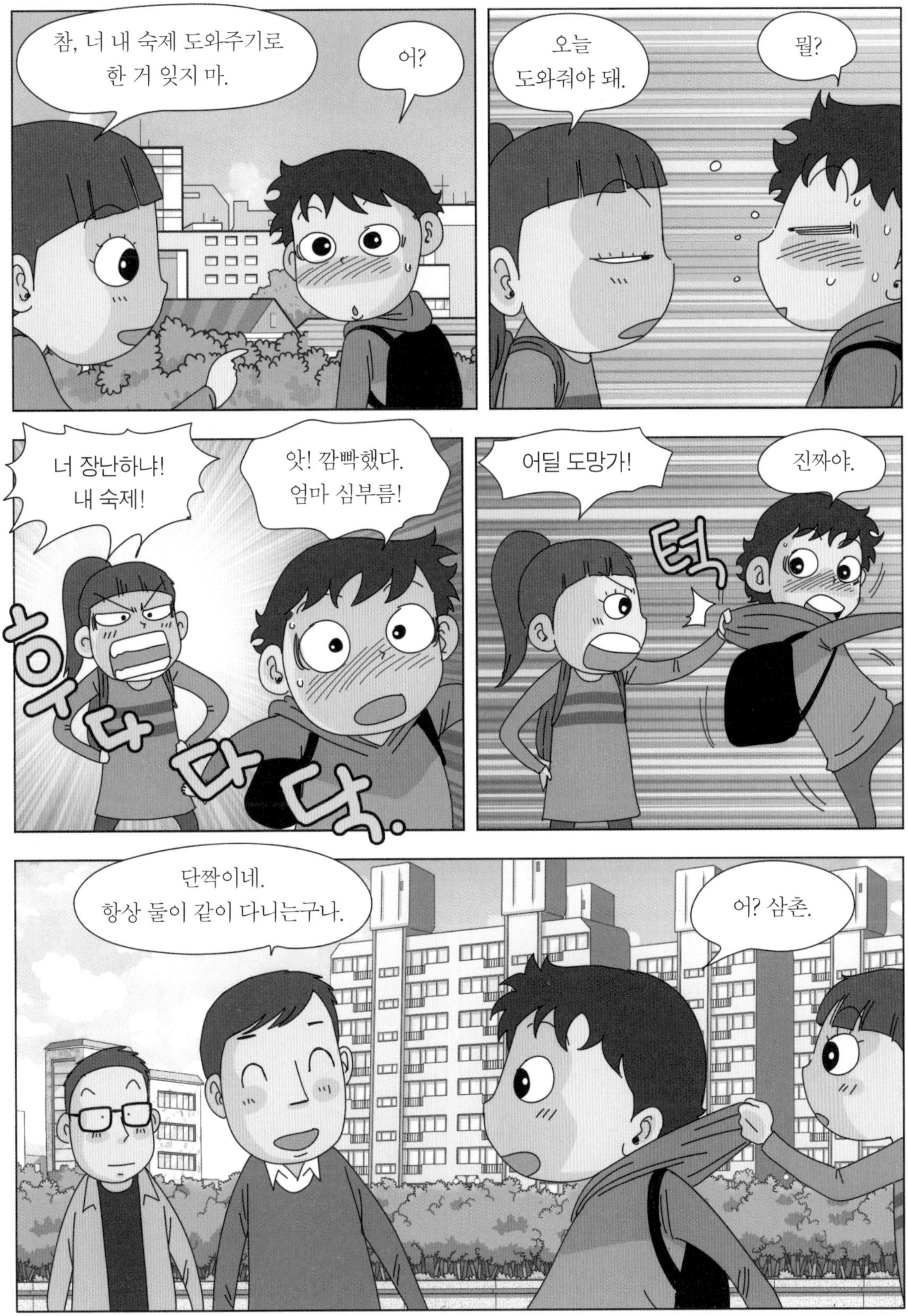
참, 너 내 숙제 도와주기로 한 거 잊지 마.
어?
오늘 도와줘야 돼.
뭘?
너 장난하냐! 내 숙제!
앗! 깜빡했다. 엄마 심부름!
하다다닥.
어딜 도망가!
진짜야.
턱
단짝이네. 항상 둘이 같이 다니는구나.
어? 삼촌.

상호가 약속을
안 지키려고 해요.

그럼 안 되지!

너 약속을 안 지키는 사람이
제일 안 좋은 거야.
신용이 얼마나 중요한데.

으음… 이게
누구 때문인데…

누구야?
조카야?

응. 누나 아들
상호야.

안녕하세요?

옆에는
여자친구?

아니거든요!

윽!

삼촌 어디 가?

친구하고 커피숍에서 얘기 좀 하려고…

삼촌 친구도 개인투자자야?

응? 개인투자자?

하하. 아냐, 아냐…

친구는 채권자산운용가야.

채권?

채권이 뭐예요?

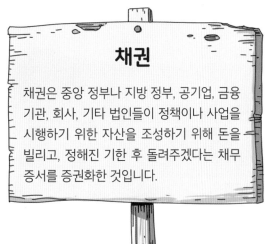

채권

채권은 중앙 정부나 지방 정부, 공기업, 금융 기관, 회사, 기타 법인들이 정책이나 사업을 시행하기 위한 자산을 조성하기 위해 돈을 빌리고, 정해진 기한 후 돌려주겠다는 채무 증서를 증권화한 것입니다.

쉽게 말하면 사고파는 빚문서야.

그럼 채권자산운용가는 빚문서를 다루는 거예요?

채권자산운용가(딜러)

증권사가 보유하고 있는 자금으로 투자자들과 직접 매매 거래를 하는 전문가로 거래소 시장 또는 장외시장에서 채권 매매 거래를 합니다.

채권의 수익률을 분석, 전망하고 주식 매매 거래와 비슷한 방법으로 채권을 사고팔지.

시장 조성 채권에 대하여 팔고 살 때 해당하는 수익률을 제시하는 방법으로 채권시장에서 해당 주가가 일정한 수준에서 유지되도록 조정하는 업무를 해.

채권자산운용가가 되려면 어떻게 해야 돼요?

왜? 이번엔 채권자산운용가가 되고 싶은 거야?

너 불안하지? 내가 다 될 것 같으니까?

픕!

금융공학, 경제학, 회계학 분야의
지식을 습득하고 있으면
유리하지.

채권자산운용가 중에
금융공학 전공 출신자가
제일 많아.

일반적으로 금융회사에 취업해서
채권 관련 교육 및 지식을 습득하게 되고,
채권 투자 운용업무 담당자,
기금 운용업무 담당자, 채권 중개업무 담당자,
채권 투자운용업무를 담당하는 기관투자
등으로 양성되는 경우가 많아.

얘기 들으면
선물중개인, 펀드매니저,
채권자산운용가…
전부 힘들 거 같아.

쉬운 게
어딨어?

우리 이모도 얼마나
열심히 공부해서
취업했는데.

그럼. 미래 이모
대단하신 거야.

난 그냥 개인투자자나 해야겠다.

개인투자자로 주식투자해서 성공해야지.

하하하. 주식투자도 쉽지 않아.

인터넷이나 모바일로 잘 사고팔면 되는 거 아니에요?

많은 경제정보와 시사, 넓은 안목 등 공부를 많이 해야 해. 안 그러면 실패하기 쉬워.

하 하 하 하 하

그럼 삼촌도 공부 안 해서 손해 본 거야?

거기서 왜 내가 나와!

올해 우리 회사는 충원을 하지 않는 걸로 알고 있어.

너무 빨리 그만뒀어. 좀더 알아보고 움직일 걸.

자격증 준비 모임에도 나가 봐. 거기 정보가 꽤 많이 나온대.

그래야겠어. 빨리 취업을 해야지 답답해서…

느긋하더니 갑자기 왜 그렇게 급해?

그게…

이러쿵 저러쿵 해서…

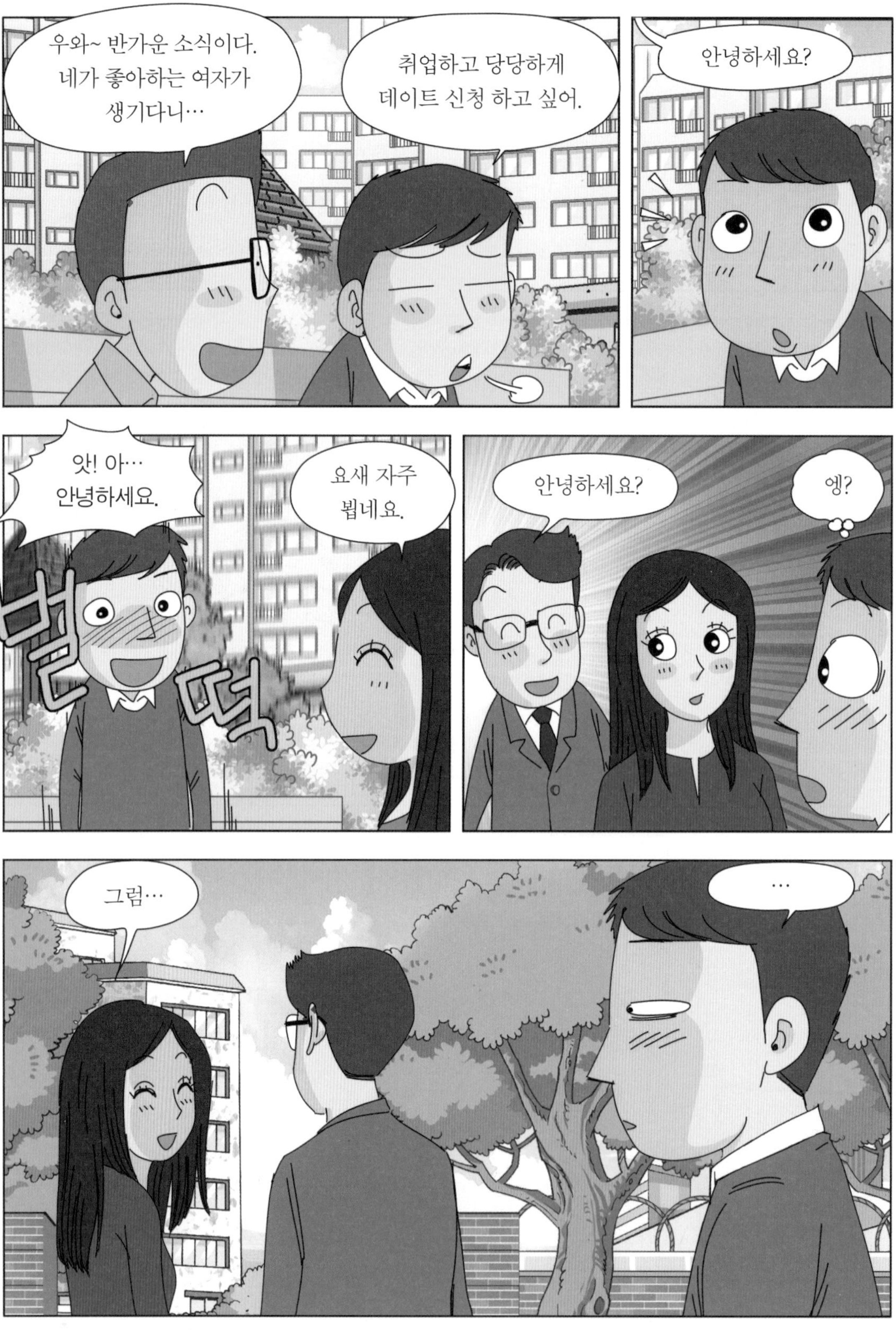
우와~ 반가운 소식이다.
네가 좋아하는 여자가
생기다니…
취업하고 당당하게
데이트 신청 하고 싶어.
안녕하세요?
앗! 아…
안녕하세요.
벌떡
요새 자주
뵙네요.
안녕하세요?
엥?
그럼…
…

와~ 저 여자분이야? 너한테 과분한 거 아니냐?

부들 부들

으으… 저 자식은 왜 매번 따라다니는 거야.

끝났다!

고마워. 도와준 덕분에 잘 마쳤어.

이게 도와준 거냐. 내가 다 한 거지.

내가 대신 떡꼬치 사 줄게.

어? 저기 너희 이모 아냐?

응?

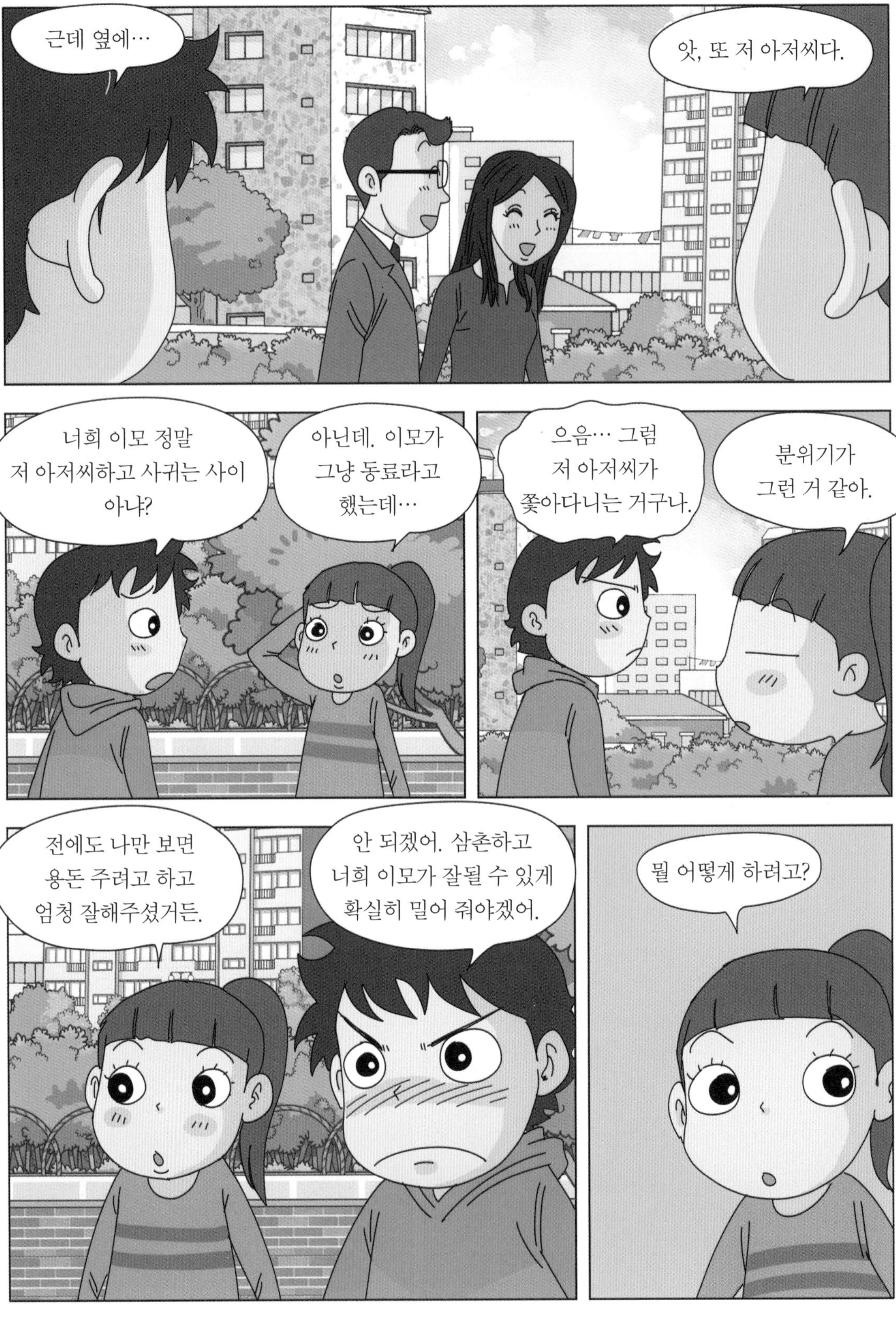
근데 옆에…
앗, 또 저 아저씨다.
너희 이모 정말 저 아저씨하고 사귀는 사이 아냐?
아닌데. 이모가 그냥 동료라고 했는데…
으음… 그럼 저 아저씨가 쫓아다니는 거구나.
분위기가 그런 거 같아.
전에도 나만 보면 용돈 주려고 하고 엄청 잘해주셨거든.
안 되겠어. 삼촌하고 너희 이모가 잘될 수 있게 확실히 밀어 줘야겠어.
뭘 어떻게 하려고?

이제 가 보셔야죠.
집까지 데려다 줘서
고마워요.

네. 근데…

네?

잠깐 얘기 좀
할 수 있을까요?

무슨…

사실은…
오래전부터…

안녕하세요!

깜

짝

미래야, 상호하고
같이 있었네.

이모~

아저씨도 계셨네요. 안녕하세요.

하하하, 미래야 반가워.

상호야, 삼촌 저기 공원에 계시던데.

알아요.

아까 삼촌이 이모하고 저녁 먹을 거라던대요.

응?

너 뭐하는 거야?

삼촌이 저녁 초대한다고 그랬어요.

난 처음 듣는…

아참! 이모 맞아. 아까 나도 들었어. 같이 가자. 응?

아…

전 그럼
가 볼게요.

네? 하실 얘기
있다고…

아닙니다.
그럼 내일 봐요.

네…

이모 갈 거지?
같이 가는 거다.

무슨 소린지…
난 처음 듣는다고.

난 상호 삼촌한테 간다고
얘기했단 말이야.

뭐?

킥킥…
미래가 잘하는데~

펀드와 채권

일반 개인투자자들이 가장 손쉽게 투자를 할 수 있는 금융상품은 펀드예요. 그렇다면 펀드는 주식과 어떻게 다른지 알아볼까요? 또한 채권은 무엇인지 특징과 종류는 무엇인지 알아볼까요?

● 펀드

펀드의 사전적 정의는 "다수의 투자자로부터 자금을 모아 증권 등의 자산에 투자하고 그 수익을 투자지분에 따라 투자자에게 배분하는 집단적, 간접적 투자 제도"예요. 어떤 사람이 주식투자를 엄청 잘한다면 그 사람에게 부탁하고 싶어지겠지요? "네가 나보다 투자를 잘하니까 내 돈도 같이 투자해 줘. 수수료 줄게" 라고 말이지요.

돈을 맡기는 사람이 어떤 회사이고, 또 그 회사에 돈을 맡기는 사람은 한 명이 아니라 여러 명이다 보니 규칙이 필요해요. 투자를 하거나 투자금을 회수할 때, 주식처럼 실시간으로 할 수 없고 기준 일자를 정해서 일괄적으로 투자하거나 환매를 해주는 것이지요.

펀드는 그 자체로 일종의 커다란 바구니라고 생각하면 이해하기 쉬워요. 하나의 바구니 안에 이런저런 자산들을 넣어서 운용하고, 그 개별 자산들의 수익과 손실을 합해서 가입자에게 돌려주는 것이에요. 따라서 펀드에 가입한다는 것은 개별 종목을 사는 것과 달리 일종의 포트폴리오를 구매하는 것과 같아요.

따라서 펀드 상품의 기대수익률과 예상손실률은 바구니 안에 담겨 있는 자산의 속성(주식형, 채권형)과 펀드라는 바구니가 지니고 있는 속성(수수료가 얼마나 나가는가, 운용을 잘하고 있는가 등)에 따라서 결정돼요.

투자자가 주식을 사는 것과 펀드를 구매하는 것의 가장 큰 차이점은 일종의 포트폴리오를 구매함으로써 상대적으로 위험을 분산시키고 변동성을 줄일 수 있는 것이에요. 그리고 그 포트폴리오에 대한 매매 등의 운용을 전문가에게 맡길 수 있는 것이지요. 주식에 많은 시간을 할애하기 어려운 사람들은 시간을 절약할 수 있는 펀드를 이용하는 것이 좋지만 수수료를 부담해야 해요.

● 채권

채권은 정부, 공공단체, 주식회사 등이 일반인으로부터 거액의 자금을 일시에 조달하기 위하여 발행하는 차용증서예요.

은행에서 대출을 받거나 개인에게 돈을 빌리면 그에 대한 이자를 지불해야 하는 것처럼 정부나 공공단체 등도 일반인들로부터 돈을 빌린다면 이자를 지불해야겠죠? 그래서 '빌린 금액 얼마에 대해 몇 년 후, 몇 %의 이율로 원금과 함께 갚는다'고 써놓은 것이 채권이에요.

대규모 자금조달수단이라는 점에서는 주식과 비슷하지만, 주식이 자기자본인 것에 반해 채권은 타인자본이며, 증권소유자가 주주로서 이익이 발생하여야 배당청구권을 갖는 주식과 달리 채권은 증권소유자가 채권자로서 이익이 발생하지 않아도 이자청구권을 갖게 돼요. 주식은 장차 상환이 예정되지 않은 영구적 증권이지만 채권은 상환이 예정된 일시적 증권이에요.

채권은 발행주체에 따라 국채, 지방채, 특수채, 금융채, 회사채로 나눌 수 있고, 상환기간에 따라 단기채, 중기채, 장기채로 나눌 수 있어요.

채권의 가격은 만기, 발행주체의 지급불능 위험과 같은 내부적 요인과 시중금리, 경제상황과 같은 외부적 요인 등에 의한 수요와 공급의 추이에 따라 결정되며 수시로 변해요.

자기관리 철저한 삼촌에게 반하다

이렇게 해서
이력서 끝!

네 군데 중
한 군데는 되겠지.

삼촌! 삼촌!

왜?

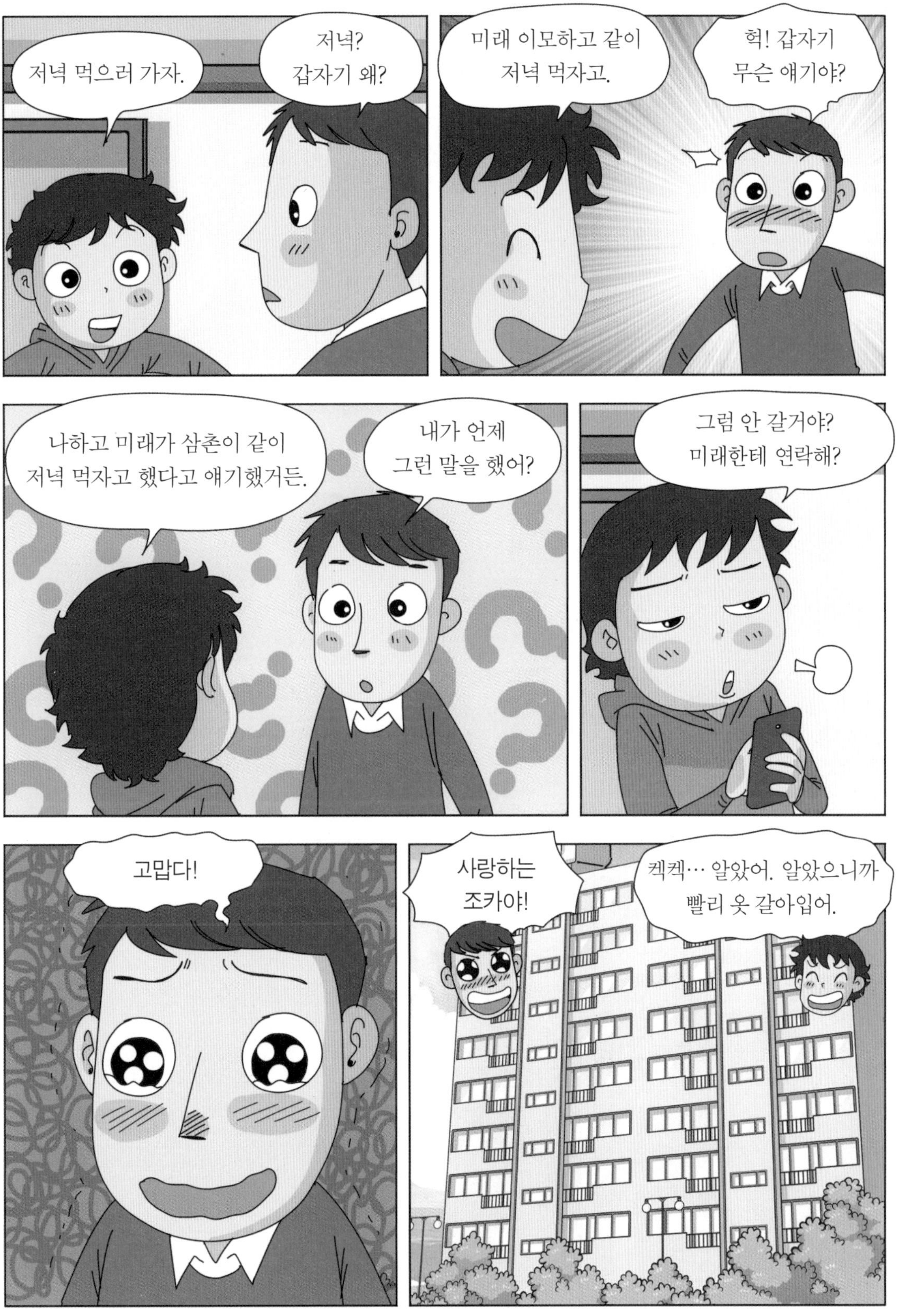

저녁 먹으러 가자.
저녁?
갑자기 왜?
미래 이모하고 같이
저녁 먹자고.
헉! 갑자기
무슨 얘기야?
나하고 미래가 삼촌이 같이
저녁 먹자고 했다고 얘기했거든.
내가 언제
그런 말을 했어?
그럼 안 갈거야?
미래한테 연락해?
고맙다!
사랑하는
조카야!
켁켁… 알았어. 알았으니까
빨리 옷 갈아입어.

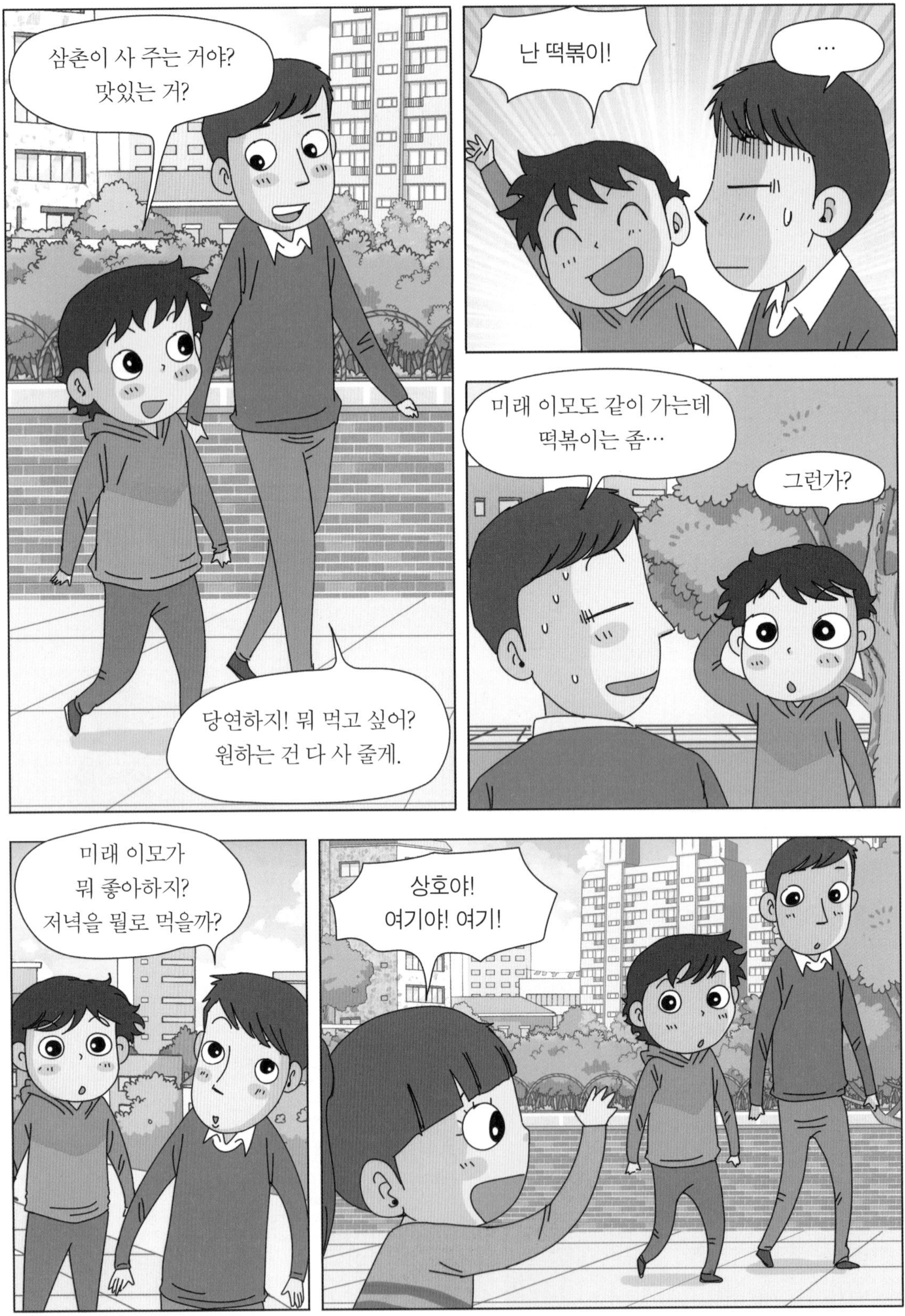
삼촌이 사 주는 거야? 맛있는 거?
당연하지! 뭐 먹고 싶어? 원하는 건 다 사 줄게.
난 떡볶이!
…
미래 이모도 같이 가는데 떡볶이는 좀…
그런가?
미래 이모가 뭐 좋아하지? 저녁을 뭘로 먹을까?
상호야! 여기야! 여기!

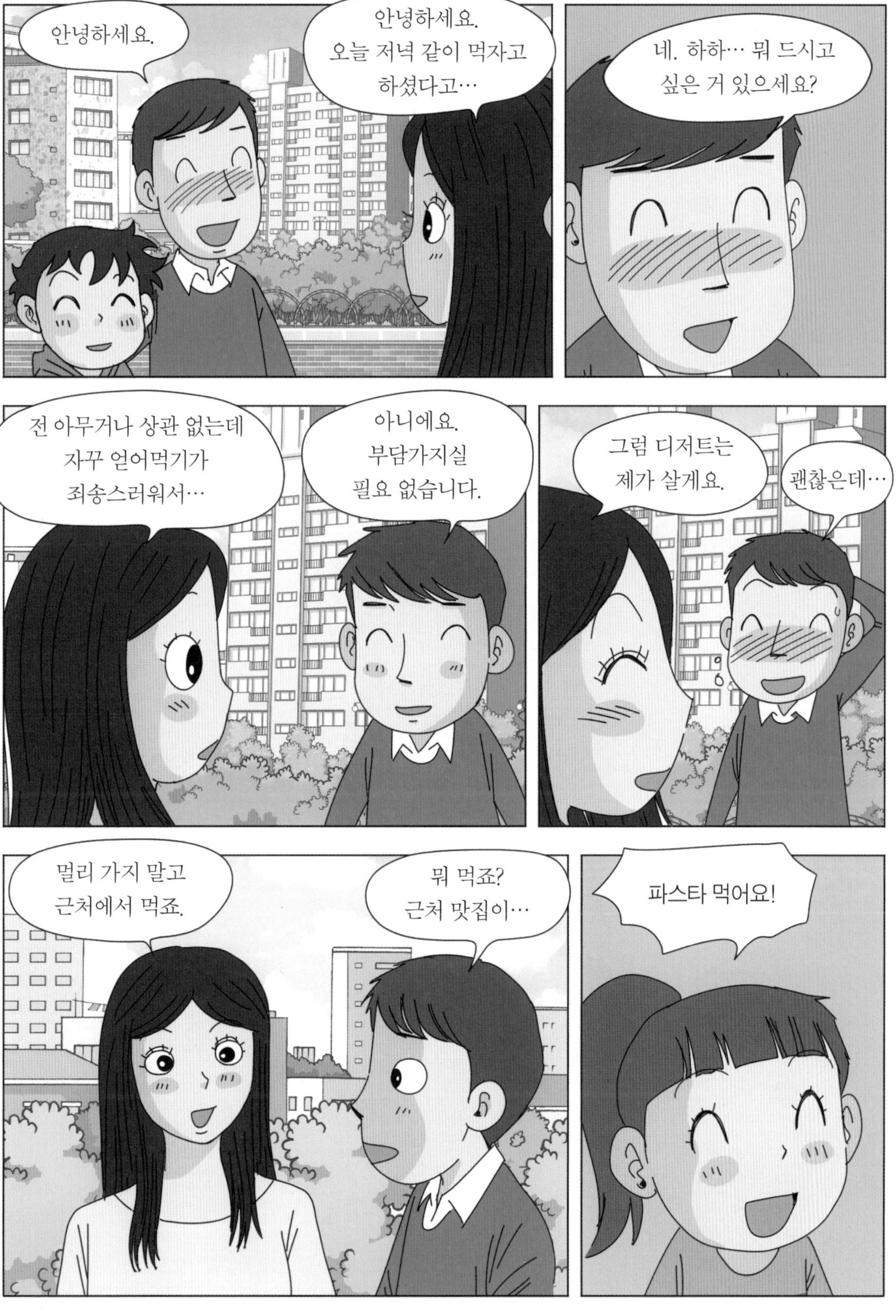
안녕하세요.
안녕하세요. 오늘 저녁 같이 먹자고 하셨다고…
네. 하하… 뭐 드시고 싶은 거 있으세요?
전 아무거나 상관 없는데 자꾸 얻어먹기가 죄송스러워서…
아니에요. 부담가지실 필요 없습니다.
그럼 디저트는 제가 살게요.
괜찮은데…
멀리 가지 말고 근처에서 먹죠.
뭐 먹죠? 근처 맛집이…
파스타 먹어요!

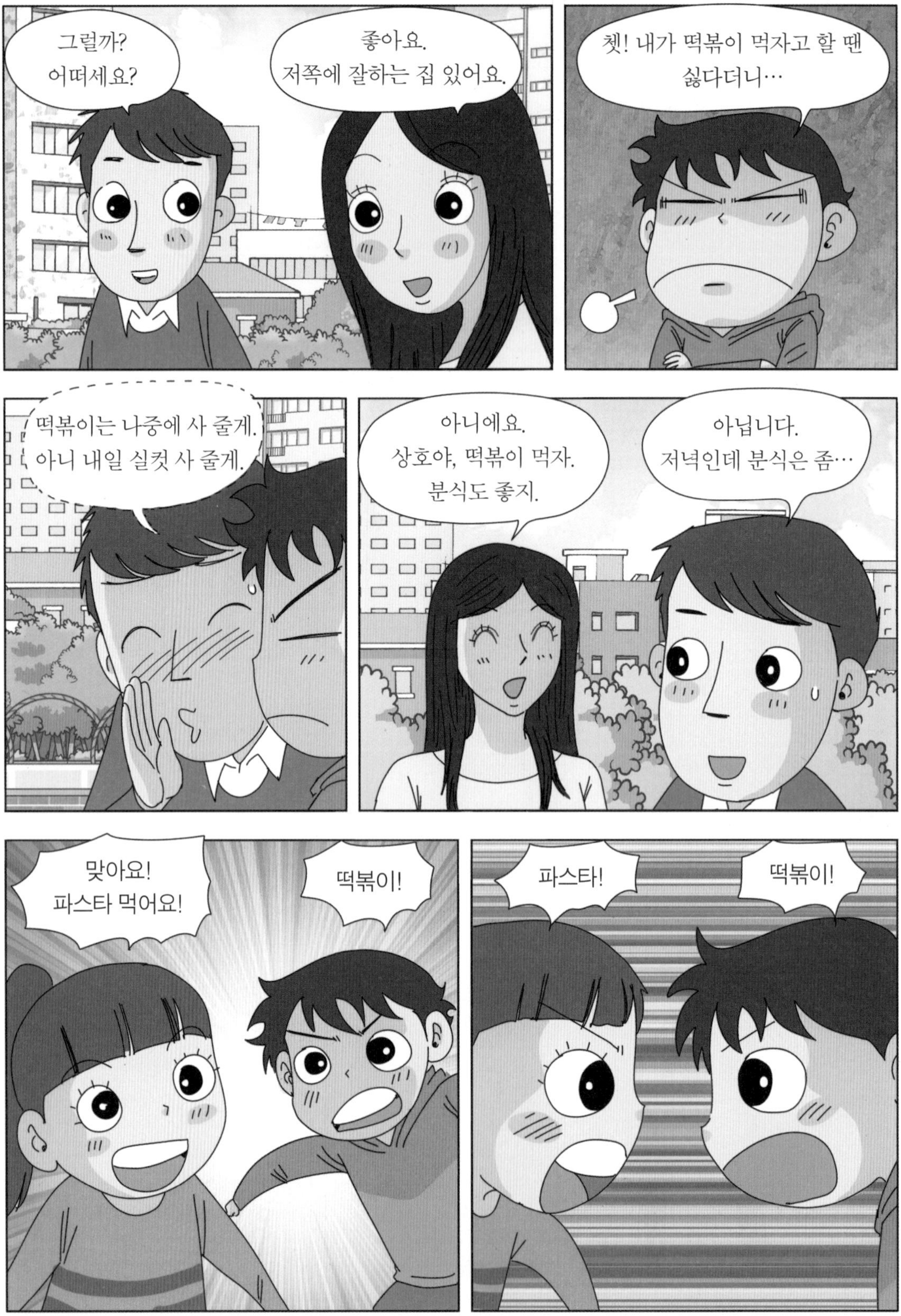
그럴까?
어떠세요?
좋아요.
저쪽에 잘하는 집 있어요.
쳇! 내가 떡볶이 먹자고 할 땐
싫다더니…
떡볶이는 나중에 사 줄게.
아니 내일 실컷 사 줄게.
아니에요.
상호야, 떡볶이 먹자.
분식도 좋지.
아닙니다.
저녁인데 분식은 좀…
맞아요!
파스타 먹어요!
떡볶이!
파스타!
떡볶이!

너희들 그러면
그냥 집에 간다.

헉!

하하하 떡볶이,
파스타 다 먹자.
그럼 되지.

아니에요.
그렇게까지…

가위 바위 보!

가위 바위 보!!

이겼다!

으음…

이 좋은 기회를
떡볶이에 쓰다니…

어서 드세요.

네…

맛있는 거
사 드리려고
했는데…

왜요.
저 분식 좋아해요.

근데 회사에
이력서 넣는다고
하신 건…

네 군데 넣어놨으니
연락이 오겠죠.

선물중개인
준비하시는 거죠?

네, 맞습니다.

선물중개인
전망은 어때요?

전망은
밝죠.

하지만 당분간은
고용이 감소할 추세라고
하더라고요.

삼촌. 그러면
안 좋은 거 아냐?

하하, 아냐.
글로벌 경기침체로 현재 고용이
일시적으로 감소된 거지.
전망은 아주 좋아.

휴, 다행이다~

호호, 삼촌 직업을
다 걱정해주네.
기특하다.

직장을
좋은 데 다녀야 용돈을
많이 받잖아요.

북이 3000   라면 3000
오뎅 3000   4500

……

우적
우적

걱정 마. 삼촌이 용돈 많이 줄게.

역시! 월급이 많구나. 얼마나 받아?

하하하… 글쎄…

아무튼 아직 선물중개인의 인력이 상당히 부족해서 전망이 밝은 직업이야.

국제 금융인으로서 필요한 자격을 갖추고 있다면 이 분야로의 진출은 유망한 편이지.

그럼 삼촌은 처음부터 선물중개인이 되려고 한 거야?

응. 선물거래중개사(AP) 자격증도 취득해서 이미 준비는 다 해놨지.

와~ 그래요?

라면 3000
떡라면 4500
만두 5000
비빔밥 5000
순두부 6000

선물거래중개사
자격증이 뭐야?

그건
미국 선물거래협회가
주관하는
자격증이야.

상품선물이나
해외선물거래를 하려면
선물거래중개사 자격증이
꼭 있어야 돼.

삼촌 대단하다.

하하, 대단하긴…

근데 주식관련
직업종류가 굉장히
많은 거 같아요.

117

그럼~ 주식중개인, 개인자산관리사, 프라이빗뱅커(PB) 등 많지.

와~ 그게 다 뭐예요?

주식중개인은 말 그대로 주식을 중개하는 직업이야.

주식중개인

고객에게 증권시장의 동향과 기업에 관한 정보를 주면서 거래 주문을 받아 주식을 매매합니다. 신속성과 정확성이 항상 요구됩니다.

그럼 개인자산관리사는요?

고객들 개인의 자산관리에 대해 조언하고, 투자방법에 대한 정보를 제공하는 일을 하지.

개인자산관리사

고객이 원하는 재무 목표를 달성할 수 있도록 계획을 수립하고 새로운 금융상품이나 투자처에 대해 조사 및 연구합니다. 또한 고객들의 세금을 줄일 수 있는 절세 방법과 자산관리에 대하여 상담하고 조언합니다.

프라이빗뱅커(PB)

거액 자산가를 대상으로 예금, 주식, 실물자산, 부동산 등의 자산을 종합 관리하는 것뿐만 아니라 세무, 법률, 상속 등 비금융 업무에 대한 서비스도 제공하여 고객의 자산 및 수익을 증대시킵니다.

프랍트레이더 회사의 자기자본을 통해서 수익을 내는 사람

일반트레이더 고객의 자금을 운용해서 수익을 내는 사람

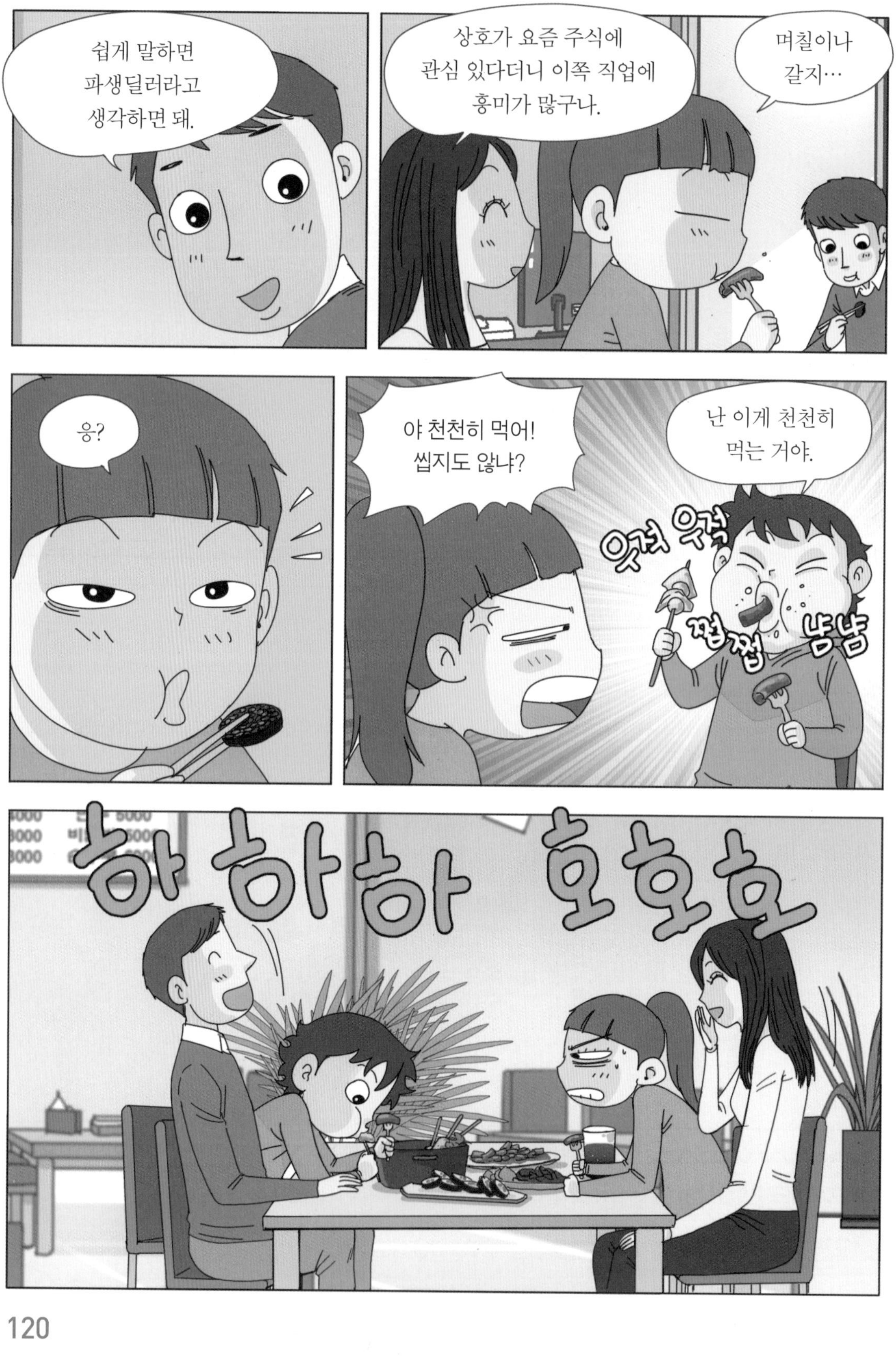

쉽게 말하면 파생딜러라고 생각하면 돼.
상호가 요즘 주식에 관심 있다더니 이쪽 직업에 흥미가 많구나.
며칠이나 갈지…
응?
야 천천히 먹어! 씹지도 않냐?
난 이게 천천히 먹는 거야.
우적 우적
쩝쩝
냠냠
하하하 호호호

며칠 후

아침부터 어디 가?

오늘 면접이잖아.
늦었어.

으휴 면접이면
좀 일찍 자고
미리 준비하지.

알람 맞춰 놨는데…
으으~

우유라도
마시고 가.

늦었어!!

좋은 소식과
나쁜 소식이 있는데
어떤 거부터 들을래?

국일 초등학교

좋은 소식이랑
나쁜 소식?

응.

그럼
나쁜 소식부터!

121

밤에 이모하고 엄마가 얘기하는 거 들었는데 그 직장동료 아저씨가 고백했대.

좋아한다고 사귀자고 한 거 같아.

헉!!

으으… 뭐야~

그럼 좋은 소식은?

이모가 너희 삼촌 괜찮은 사람 같다고 하더라.

정말이야?!

응. 자기관리 철저히 하는 사람이라고 멋있대.

와우~!

미래야~

두둥

123

주식 용어를 알아보자

주식투자를 하려면 반드시 기업과 경제에 관한 공부를 해야 해요. 회사의 재무제표, 경영자 마인드를 살펴보고 이 회사가 앞으로 성장할지를 예측하고, 백화점, 마트 등 유통가에서 실물 경제를 파악하여 경제 흐름을 보는 안목도 길러야 해요. 주식투자 공부를 하려면 주식 관련 용어를 알아야 해요. 다음의 단어가 무엇을 의미하는지 주식 용어를 알아볼까요?

① 매수 / 매도

주식을 사는 것을 매수, 파는 것을 매도라고 해요.

② 시가 / 종가

증권거래소의 주식거래에 있어 입회 시 최초로 체결된 거래가격을 시가, 마지막으로 체결된 가격을 종가라고 해요. 종가는 그 다음 날의 기준가격이 돼요.

③ 시가총액

전 상장주식을 시가로 평가한 것이 시가총액인데, 이는 주식시장이 어느 정도의 규모를 가지고 있는가를 나타내는 지표예요.

④ 호가

증권거래소 시장에서 팔려는 사람과 사려는 사람이 각각 주문하는 가격을 호가라고 해요.

⑤ 상한가 / 하한가

하루에 오르내릴 수 있는 주식가격의 등락폭에는 한계가 있어요. 주가가 가격 변동제한폭의 상한선까지 올랐을 때를 상한가, 하한선까지 내렸을 때 하한가라고 해요.

⑥ 공시

공정한 가격을 형성하기 위해 주식시장에서 주가에 영향을 줄 수 있는 중요한 사항인 회사의 사업내용이나 재무상황, 영업실적 등을 투자자나 이해관계자에게 알리는 것이에요. '

⑦ 서킷브레이커

주식시장에서 일어나는 일시적인 매매 거래 중단 제도를 말해요. 코스피나 코스닥지수가 전날 대비 8%, 15%, 20% 이상 떨어지는 상태가 1분 이상 지속될 경우 서킷브레이커가 발동돼요.

⑧ 공매도

특정 종목 주가가 하락할 것으로 전망되면 주식을 빌려 매도 주문을 내는 투자 전략이에요. 미래에 주가가 떨어지면 해당 주식을 싼 값에 사 결제일 안에 주식 대여자에게 돌려주는 방법으로 시세차익을 얻어요. 공매도는 시장 질서를 교란시키는 불공정거래 수단으로 악용되기도 해요.

⑨ 데이트레이딩

매수한 주식을 당일 매도하는 초단타매매 기법으로 당일 매매라고도 불러요.

⑩ 선물

파생상품의 한 종류로 매매를 먼저하고 후에 물건을 인수하는 거래 방식이에요. 즉 현재 미리 결정된 가격으로 사서 미래 일정 시점에 인도, 인수할 것을 약속하는 거래예요.

나도 주식투자 할래요

안녕하세요?
여긴 우리 학교 근처인데
어떻게…

여기가 너희 학교구나.
이 근처 일 보러 왔다가
미래 보고 반가워서…

미래 뭐 갖고 싶은 거 없니?
아저씨가 하나 사 줄게.

정말요?

어?

상호야, 어디 가!

상호야, 너도
같이 가자.

괜찮아요!

배신자.
뭐 사 준다니까
홀딱 넘어가서…

자기편 만들려고
꼬드기는 건지도 모르고…

누나! 상호야!

왜? 무슨 일이야?

나 합격했어!
취직했다고!

와! 정말?

오늘 면접봤는데
결과가 벌써 나왔어?

면접보고 나오는데
처음봤던 회사에서
합격문자가 와 있더라고!

와 축하한다.
우리 동생!

쑥스~

오늘 뭐 먹고 싶어?
삼촌이 맛있는 거 사 줄게!

와!! 신난다!

삼촌 축하해~

아 배불러~
너무 많이 먹었다.
삼촌 그럼 언제부터
출근하는 거야?
다음주
월요일부터
출근이야.
안녕하세요?
어?
안녕하세요?
우리 삼촌
취직했어요.
그래요?
축하해요!
하하,
다음주 월요일부터
출근합니다.

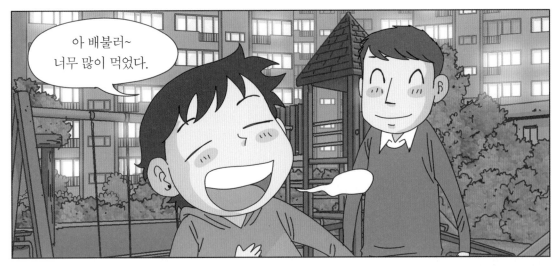

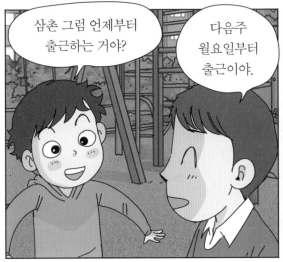

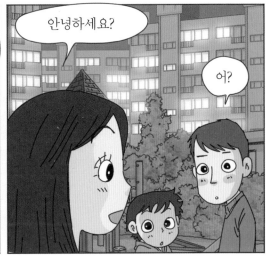

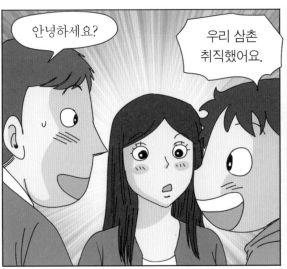

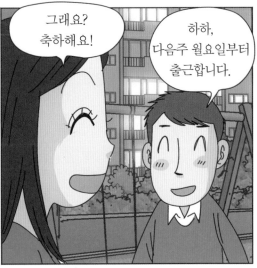

야, 넌 불러도 그냥 가냐?

됐어. 배신자.

뭐?

뭐 사 준다니까 바로 따라가냐?

그럼. 사 준다는데 싫어?

흥!

참, 삼촌 나 오늘 주식산 거 올랐어.

그래? 봐. 삼촌 말이 맞았지?

상호가 주식에 관심만 있는 줄 알았더니 실제로 하고 있었구나?

네, 얼마전부터 삼촌한테 배워서 주식하고 있어요.

잘 시작했어. 미래는 엄마가 계좌를 개설해 줘도 안 하더라고.

너는 시작 안 했어?

응.

미래야, 한번 해 봐.

그럼 난 해외주식에 투자할래요. 이제 글로벌 시대잖아요.

해외주식?

응. 미국주식하고 중국주식 할 거야.

미국주식을 우리나라에서 어떻게 사냐?

왜 못 사?

만약에 살 수 있다고 해도…

너 영어 알아? 중국어 알아?

그… 그건 공부하면 되지!

하하하, 외국어 몰라도 해외주식을 살 수 있어.

정말?

국내주식 거래 경험이 있으면 어렵지 않아.

그럼 국내주식을 안 해봤으면 힘든 거예요?

아냐. 국내주식을 해보지 않았어도 문제 없어.

어떻게 하는 거예요?

해외주식을 시작하려면 가장 먼저 거래할 계좌가 있어야 해.

엄마가 개설해 줬던 그 계좌?

해외주식

해외기업의 주식이 높은 수익률을 올리자 국내투자자들의 관심이 높아지고 있습니다. 예전에는 시스템 상의 문제로 해외기업에 직접 투자가 어려웠지만, 지금은 간단한 신청만으로도 모바일 앱에서 글로벌 기업에 직접 투자할 수 있습니다. 다만, 수수료율이 온라인 0.2~0.5%, 오프라인 0.4~1.0% 정도로 국내주식에 비해 높기 때문에 투자 시 유의해야 합니다.

주식계좌는 모바일에서 쉽고 빠르게 개설할 수 있지.

맞아.

아! 삼촌이 엄마 설득해서 만들었던 주식계좌?

계좌를 개설하면 전 세계 주요 국가 주식을 거래할 수 있어.

궁금한 거 있어요. 해외주식을 사려면 구매하려는 나라의 돈으로 환전해야 하는 거예요?

아니, 그럴 필요 없이 바로 해외주식을 살 수 있어.

그리고 해외기업의 종목 정보도 한국어로 볼 수 있게 되어 있어서 외국어를 몰라도 투자할 수 있어.

그럼 미국주식 사려면 새벽에 일어나서 사야 돼?

해외와는 시차가 있지만 해외주식은 예약주문이 가능해서 낮에 주문해 놓으면 돼.

어려운 게 아니구나.

이번 기회에 나도 해외주식 해 봐야겠다.

그래, 잘 생각했어. 이모가 알려 줄게.

알았어.

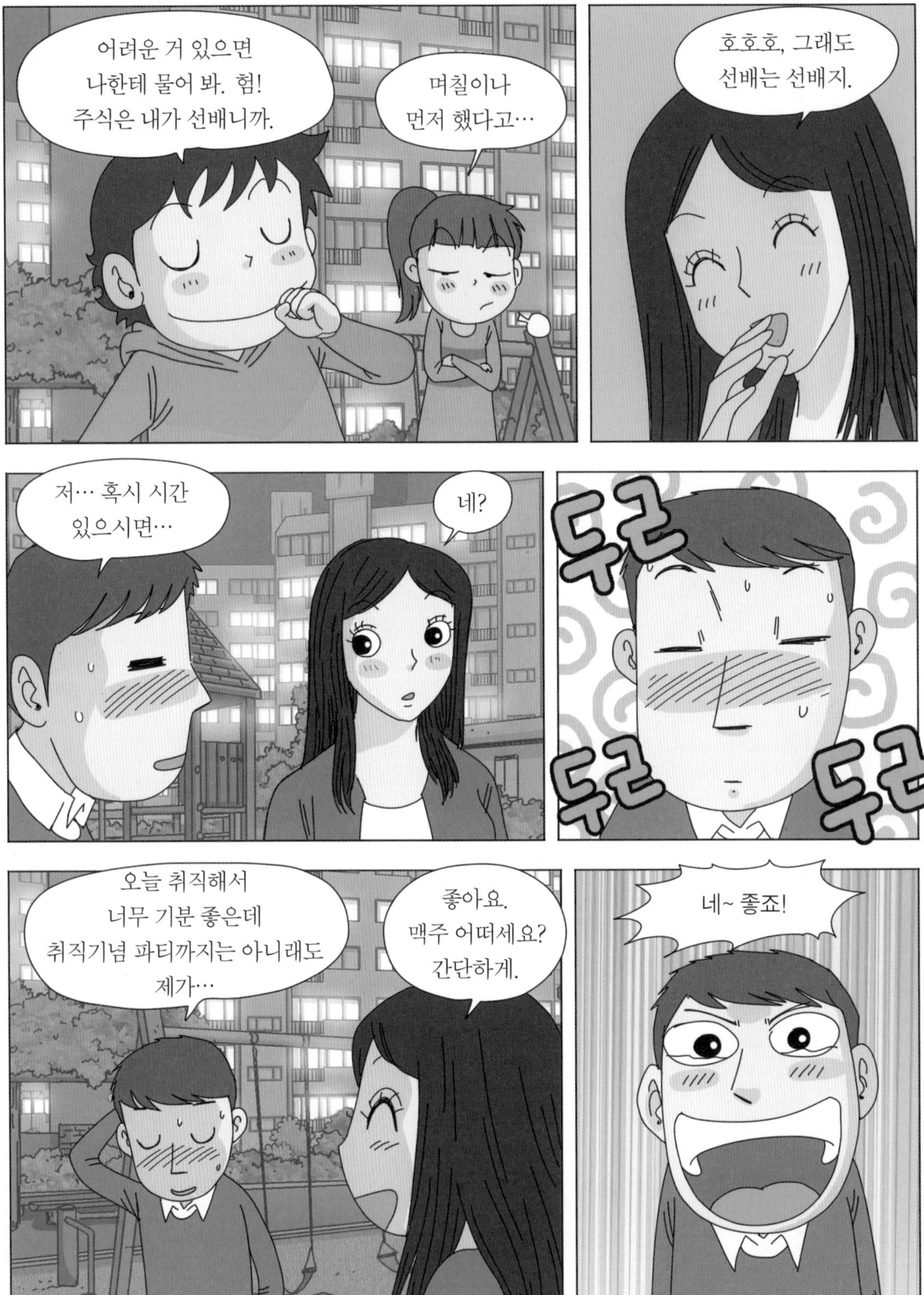
어려운 거 있으면 나한테 물어 봐. 험! 주식은 내가 선배니까.
며칠이나 먼저 했다고…
호호호, 그래도 선배는 선배지.
저… 혹시 시간 있으시면…
네?
두근
두근
두근
오늘 취직해서 너무 기분 좋은데 취직기념 파티까지는 아니래도 제가…
좋아요. 맥주 어떠세요? 간단하게.
네~ 좋죠!

우린 피자 먹을게요!

악!

꼬집

상호야!

넌 진짜 눈치도 없이…

이런 때는 피해 줘야지. 으휴~

그… 그런가?

너희는 뭐 먹을래? 치킨? 피자?

치킨이요!

앗!

꺄지릿

…

아니야 이모. 난 배불러.

저도요. 하하하.

그래도 같이 가서 간단한 거라도 먹어.

아니에요. 생각해보니 배가 많이 불러요.

그래. 그럼 너희들은 먼저 가. 삼촌하고 이모는 간단히 먹고 들어갈게.

네.

가시죠.

네, 근처 잘 아는 데 있어요.

오늘은 제가 살게요. 축하도 해드릴 겸…

아… 아닙니다.

보기 좋네.

그러게.

우리 삼촌 오늘 정말 기분 좋겠다. 취직에 좋아하는 이모와 데이트까지…

근데 너 주식산 거 많이 올랐어?

응, 조금.

험!

얼마나 올랐는데? 언제 팔 거야?

주식은 가격이 올랐다고 팔고 내렸다고 사는 게 아니라 10~20년 장기적으로 보고 투자하는 거야.

오~ 전문가 같아.

개인투자자라니까!

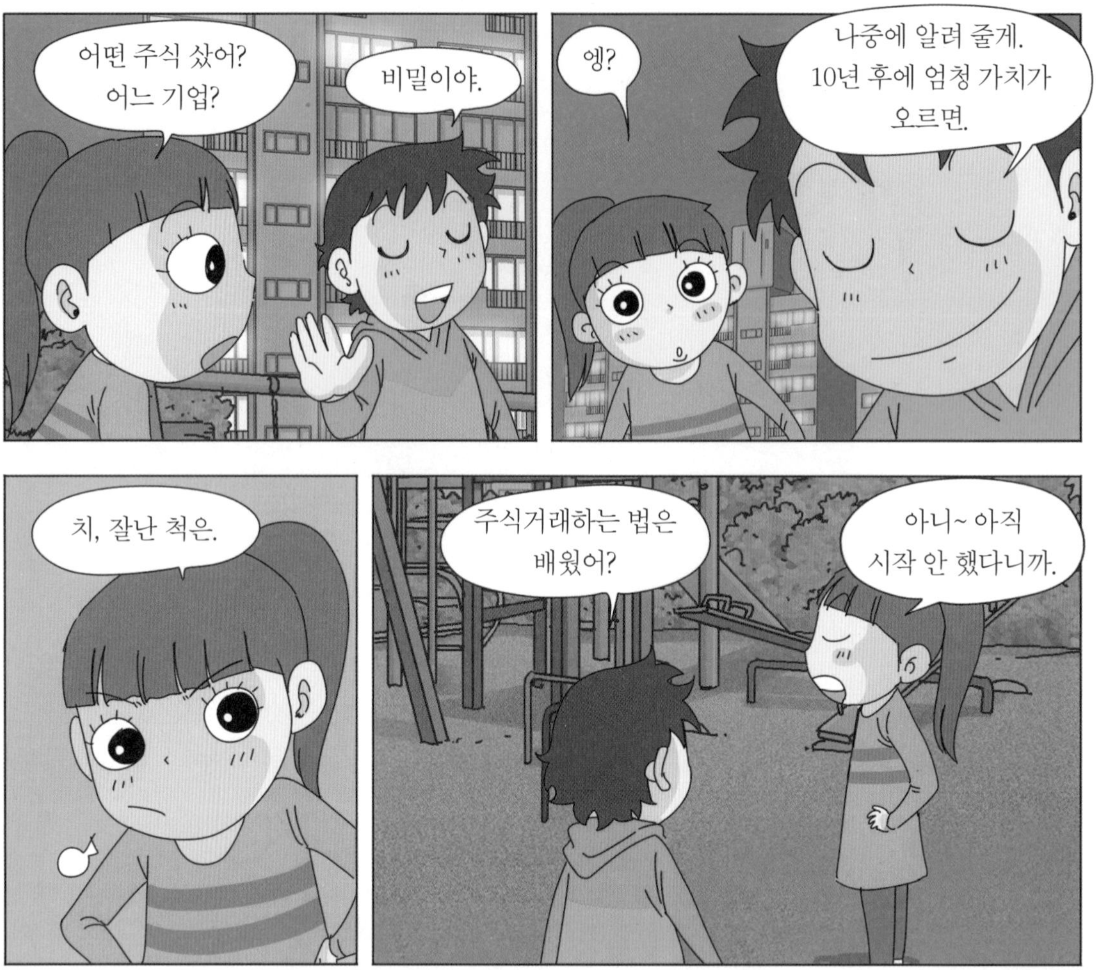
어떤 주식 샀어? 어느 기업?
비밀이야.
엥?
나중에 알려 줄게. 10년 후에 엄청 가치가 오르면.
치, 잘난 척은.
주식거래하는 법은 배웠어?
아니~ 아직 시작 안 했다니까.

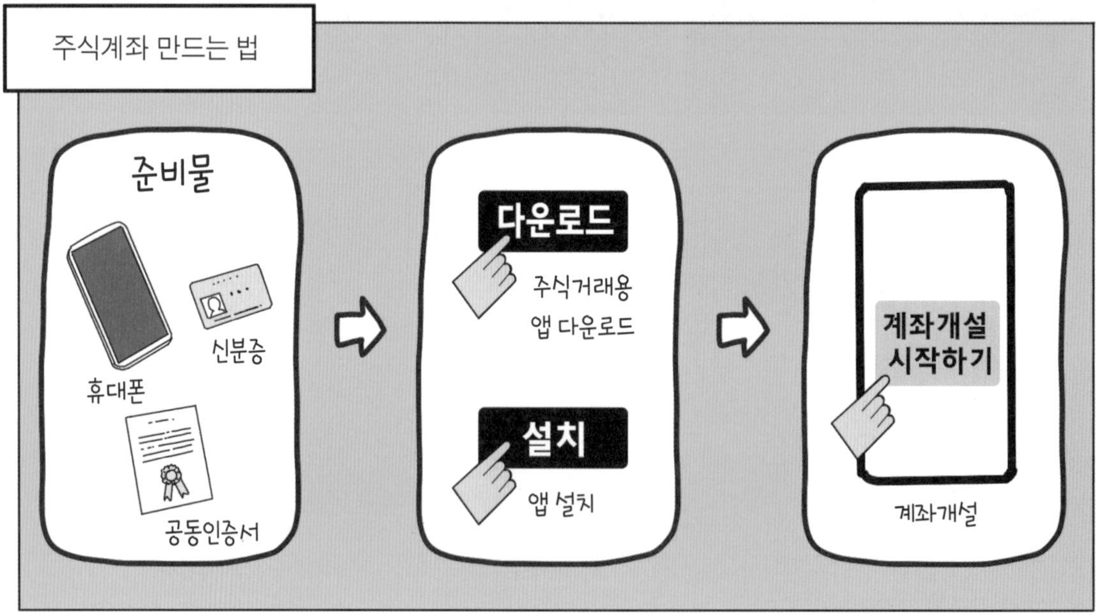
주식계좌 만드는 법
준비물
휴대폰
신분증
공동인증서
다운로드
주식거래용 앱 다운로드
설치
앱 설치
계좌개설 시작하기
계좌개설

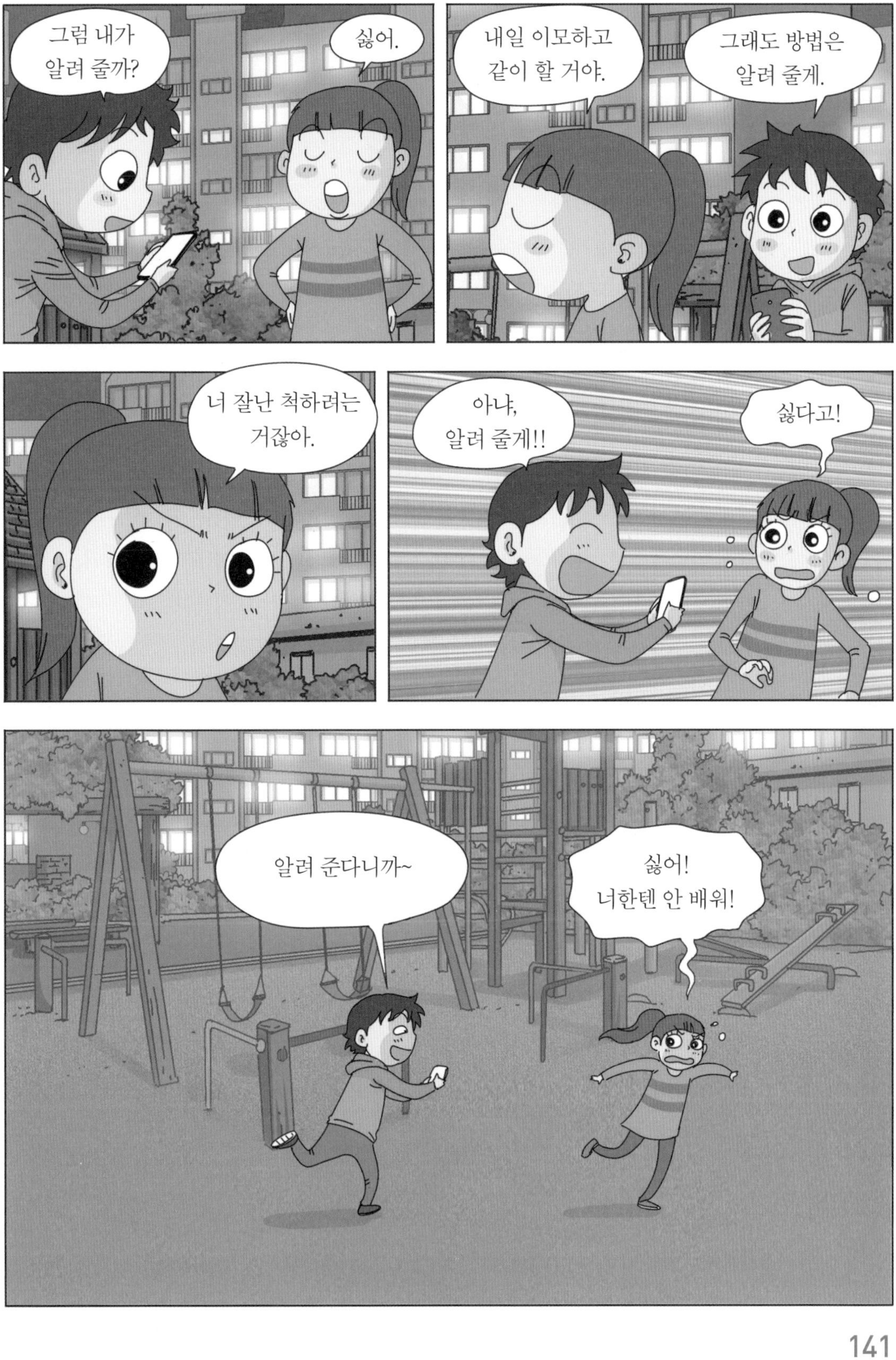
그럼 내가 알려 줄까?
싫어.
내일 이모하고 같이 할 거야.
그래도 방법은 알려 줄게.
너 잘난 척하려는 거잖아.
아냐, 알려 줄게!!
싫다고!
알려 준다니까~
싫어! 너한텐 안 배워!

가치투자와 워렌 버핏

투자의 귀재라고 불리는 워렌 버핏은 20세기를 대표하는 미국의 사업가이자 투자가예요. 11살 때 주식투자를 시작해서 세계 제일의 부자가 된 워렌 버핏과 그가 강조한 가치투자에 대해서 알아볼까요?

● 가치투자

가치투자는 1000원의 가치를 가진 물건을 400원에 사는 투자법이에요. 원래의 가치보다 더 낮은 돈을 지불하고 주식을 구매할 수 있는 이유는 주식시장이 대중의 마음과 수요, 투기 등 다양한 환경적 요소에 영향을 받아 주식가격이 오르내리는 비효율성이 존재하기 때문이에요. 주식시장에서 특정한 기업의 내재가치보다 주가가 낮게 거래된다면 매입했다가 제 가치에 도달하기를 기다려 매도하는 것이 가치투자의 원리예요.

이렇듯 가치투자는 짧은 시간 동안 투자하는 것이 아닌 장기적으로 투자하는 것으로, 장기투자라고도 할 수 있어요. 가치투자는 주식 가격이 조금 오르면 이득을 생각해서 바로 되파는 것이 아니에요. 주식 가격이 높고 낮음 보다는 투자할 기업을 꼼꼼히 분석하여 앞으로 성장할 수 있다는 확신이 서면 그 기업의 주식을 장기간 보유하여 이익을 창출하는 것이에요.

가치투자를 하려면 기업의 가치와 적정주가를 평가하는 능력을 갖추어야 해요. 기업이 실제로 얼마의 가치를 지닌 지 파악해야 시장에서 거래되는 주가가 싼지, 비싼지를 알 수 있기 때문이에요. '해당 기업(비즈니스)이 향후에 벌어들일 수 있는 현금을 현재가치로 할인한 값'인 기업의 내재가치를 평가한 후, 안전마진을 고려해야 해요. 안전마진이란 기업의 내재가치와 시가총액의 차이 혹은 적정주가와 주식시장에서의 주가와의 차이를 말해요.

안전마진이 충분한 즉, 기업의 내재가치보다 많이 저렴한 주식을 매입하여 그 주식이 제대로 평가를 받는다면 당연히 높은 수익률이 뒤따라오는 것이지요.

● 워렌 버핏

워렌 버핏은 1930년 미국에서 태어나 현재 버크셔해서웨이에서 최고경영자를 맡고 있어요. 그는 2020년 기준 세계 부자 순위 4위로 선정된 바 있어요. 1988년 워렌 버핏은 코카콜라 주식을 대량으로 매입했어요. 그러나 그 당시 코카콜라의 주식은 주가수익비율(PER) 15배에 달하는 높은 가격이어서 사람들은 그가 실수를 했다고 생각했어요. 하지만 2003년 코카콜라의 주가는 약 5,000배나 상승했어요. 버핏이 철저한 기업 분석을 바탕으로, 코카콜라는 앞으로 훨씬 더 성장할 수 있다는 것을 파악하고 내재가치가 더 높다고 판단한 것이지요. 버핏이 늘 강조한 투자 원칙은 다음과 같아요.

① 절대로 돈을 잃지 마라. 이 원칙을 절대 잊지 마라.
② 자신이 좋아하는 것을 사라.
③ 복잡함을 버리고 단순하게 생각하라.
④ 일시적인 문제를 일으킨 회사를 노려라.
⑤ 주식시장이 불황이어도 투자를 포기하지 마라.
⑥ 주가는 어찌 되었든 상승한다.
⑦ 충분한 현금을 보유하라.

나는 주식투자 전문가가 될 거야!

초판 1쇄 발행 · 2021년 3월 25일
초판 3쇄 발행 · 2021년 9월 10일

지은이 · 허재호
그린이 · 허재호
펴낸이 · 이종문(李從聞)
펴낸곳 · 국일아이

등 록 · 제406-2008-000032호
주 소 · 경기도 파주시 광인사길 121 파주출판문화정보산업단지(문발동)
영업부 · Tel 031)955-6050 | Fax 031)955-6051
편집부 · Tel 031)955-6070 | Fax 031)955-6071

평생전화번호 · 0502-237-9101~3

홈페이지 · www.ekugil.com
블 로 그 · blog.naver.com/kugilmedia
페이스북 · www.facebook.com/kugilmedia
E - m a i l · kugil@ekugil.com

• 값은 표지 뒷면에 표기되어 있습니다.
• 잘못된 책은 구입하신 서점에서 바꿔드립니다.

ISBN 979-11-87007-81-4(14300)
      979-11-87007-74-6(세트)

Job?

워크북

나는 주식투자 전문가가 될 거야!

국일아이

목차

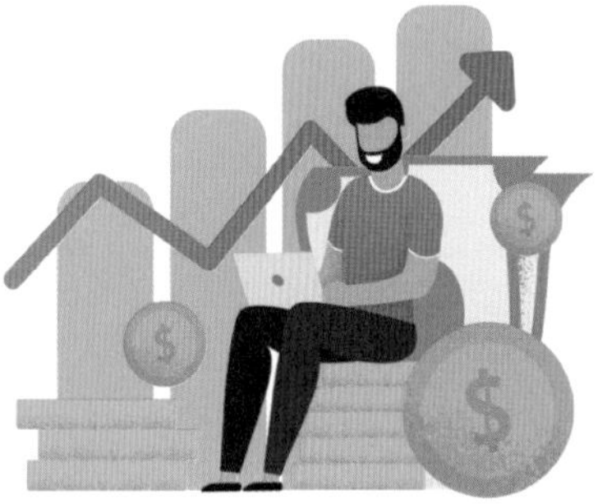

워크북 활용법

직업 탐험 각 기관의 대표 직업(네 가지)이 하는 일, 필요한 지식, 자질 등에 관한 정보뿐만 아니라 관련 직업에 관한 정보를 얻어요.

직업 놀이터 다른 그림 찾기, 숨은그림찾기, 미로 찾기, 색칠하기, OX 퀴즈 등 재미있는 놀이 요소를 통해 직업 상식을 알아봐요.

직업 톡톡 직업 윤리나 직업과 관련한 이야기로 자신의 생각을 표현하며 직업을 간접 체험해요.

NCS
(국가직무능력표준)

국가직무능력표준(NCS, National Competency Standards)이란 국가가 현장에서 직무를 수행하는 데 필요한 지식, 기술, 태도 등을 산업별, 수준별로 표준화한 것을 말한다. 대분류 24개, 중분류 79개, 소분류 253개, 세분류 1,001개로 표준화되었으며 계속 계발 중이므로 더 추가될 예정이다.

국가직무능력표준(NCS)에 따른 24개 분야의 직업군

사업 관리

경영·회계 사무

금융·보험

교육·자연 사회 과학

법률·경찰 소방·교도·국방

보건·의료

사회 복지·종교

문화·예술 디자인·방송

운전·운송

영업·판매

경비·청소

이용·숙박·여행 오락·스포츠

음식 서비스

건설

기계

재료

화학

섬유·의류

전기·전자

정보 통신

식품 가공

인쇄·목재 가구·공예

환경·에너지·안전

농림·어업

《job? 나는 주식투자 전문가가 될 거야!》에는 상호, 미래, 상호 삼촌, 미래 이모, 존리 등이 등장한다. 각 인물을 떠올리며 빈칸을 채워보자.

인물	특징
상호	적극적이고 무엇이든 될 수 있다는 자신감이 넘치는 초등학교 5학년 남자아이다. 게임과 먹는 걸 좋아하는 꿈 많고 호기심 많은 장난꾸러기다. 삼촌과 미래 이모를 소개시켜 주기 위해 미래와 아이디어를 동원하는데….
미래	상호와 같은 반 친구인 여자아이다. 똑똑하고 다부진 성격이지만 숙제를 하기 싫어해 상호에게 숙제를 부탁하는 대신 상호 삼촌에게 이모를 소개시켜 주기로 한다. 새침하고 잔소리가 많지만 이모와 상호 삼촌의 만남을 적극적으로 추진한다.
상호 삼촌	다니던 직장을 퇴사하고 퇴직금으로 투자를 하고 있는 개인투자자다. 하지만 실적이 좋지 않아 누나인 상호 엄마에게 구박을 받고 있다. 선한 성격에 약간 우유부단하며 마음이 여리다. 하지만 _____이 되기 위해 철저히 준비하는 추진력이 있다.
미래 이모	상호 삼촌이 한눈에 반할 정도로 예쁜 외모를 가졌으며 상냥하여 주위 남자들에게 인기가 많다. _____로 일하며, 털털한 성격에 인정이 많다. 미래를 위해 준비하는 상호 삼촌을 보고 호감을 갖는다.
존리	_____로 강연을 하러 갔다가 중요한 자료가 든 가방을 잃어버린다. 그 가방을 찾아준 상호와 미래에게 감사의 인사를 전하는 마음 따뜻한 아저씨다.

궁금해요, 주식투자

주식은 회사가 운영하는 데 필요한 큰돈을 모으기 위해 사람들에게 발행하는 지분을 의미한다. 주식과 주식투자에 대한 설명으로 알맞은 것을 찾아보자. (정답은 네 개)

1
주식이란 자본금을 유치하여 이윤을 창출하고, 그 이윤을 자본금을 제공한 사람인 주주에게 되돌려 준다는 약속의 증서다.

2
주식투자는 유가증권의 매매를 통해 시세차익을 얻으려는 것이다.

3
주주는 회사의 이익을 돌려받는 배당금과 타인에게 주식을 팔면서 매수가격과 매도가격 간의 차액으로 돈을 벌 수 있다.

4
주식을 갖고 있다는 것은 회사가 발행한 총 주식 중 내가 소유한 주식의 지분만큼은 내 회사라는 뜻이다.

5
개인은 자기 나라의 기업에서 발행하는 주식만 살 수 있다. 해외주식은 증권회사를 통해서만 살 수 있다.

투자분석가라고도 불리는 애널리스트는 자신의 회사 또는 회사의 고객에게 금융 및 투자에 대한 의견을 제공하기 위해 국내외 금융시장 정보를 수집, 분석한다. 애널리스트에 대해 바르게 설명한 것은 무엇인지 알아보자. (정답은 네 개)

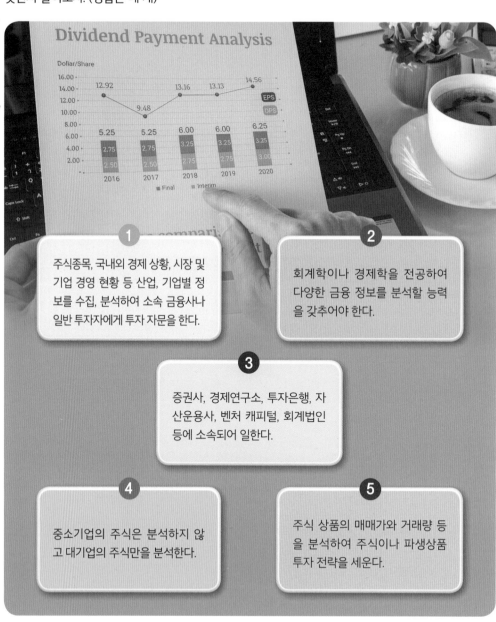

1 주식종목, 국내외 경제 상황, 시장 및 기업 경영 현황 등 산업, 기업별 정보를 수집, 분석하여 소속 금융사나 일반 투자자에게 투자 자문을 한다.

2 회계학이나 경제학을 전공하여 다양한 금융 정보를 분석할 능력을 갖추어야 한다.

3 증권사, 경제연구소, 투자은행, 자산운용사, 벤처 캐피털, 회계법인 등에 소속되어 일한다.

4 중소기업의 주식은 분석하지 않고 대기업의 주식만을 분석한다.

5 주식 상품의 매매가와 거래량 등을 분석하여 주식이나 파생상품 투자 전략을 세운다.

6

개인자산관리사는 무슨 일을 할까?

개인자산관리사는 고객들의 자산관리에 대해 조언하고 투자방법에 대한 정보를 제공하는 사람이다. 개인자산관리사가 하는 일에 대해 바르게 설명한 것을 찾아 선을 따라가 보자.

펀드에 대해 알아보자

펀드는 어떤 특정한 목적을 위해 모아진 자금을 자산운용 회사가 투자자를 대신해 운용하는 금융상품을 말한다. 펀드에 대해 바르게 설명한 것을 찾아보자. (정답은 네 개)

1
매월 일정액을 적금 형식으로 납입하여 쌓인 투자금으로 이익을 내기 때문에 주가가 내려가더라도 원금을 잃을 염려는 없다.

2
투자전문가에 의해 운용되므로 개인이 자금을 투자하고 관리하는 데 소요되는 시간과 노력을 줄일 수 있다.

3
주식투자 비중에 따라 주식형 펀드, 채권형 펀드, 혼합형 펀드로 나눌 수 있다.

4
투자 방식에 따라 거치식 펀드, 적립식 펀드, 사모 펀드로 나눌 수 있다.

5
소액으로 분산투자하여 손실위험을 줄일 수 있다.

펀드매니저는 무슨 일을 할까?

금융자산운용가라고도 불리는 펀드매니저는 개인이나 기관이 맡긴 자산을 대신 투자하고 관리한다. 펀드매니저가 하는 일에 대해 잘못 설명한 것을 찾아보자.

1 수익증권이나 뮤추얼펀드와 같은 간접투자 상품을 개발하고 판매한다.

2 기관투자가나 개인투자가의 자산이 투자목적에 맞게 운용될 수 있도록 포트폴리오를 구성하여 운용한다.

3 외환 시장과 환율의 변동을 분석하여 외환과 파생상품을 값이 싼 시점에 사고, 비쌀 때 팔아서 차익을 남긴다.

4 운용자산의 특징에 맞게 투자 계획을 세우고 주식시장의 변동, 세계의 경제흐름 등을 파악하여 투자 전략을 세운다.

5 투자금의 손실을 피하기 위해 주식, 채권, 파생상품 등으로 구분하여 운용하며 위험요소를 관리한다.

채권이란?

채권은 정부, 공공단체, 주식회사 등이 일반인으로부터 거액의 자금을 일시에 조달하기 위해 발행하는 차용증서다. 채권에 대해 잘못 설명한 것을 찾아보자.

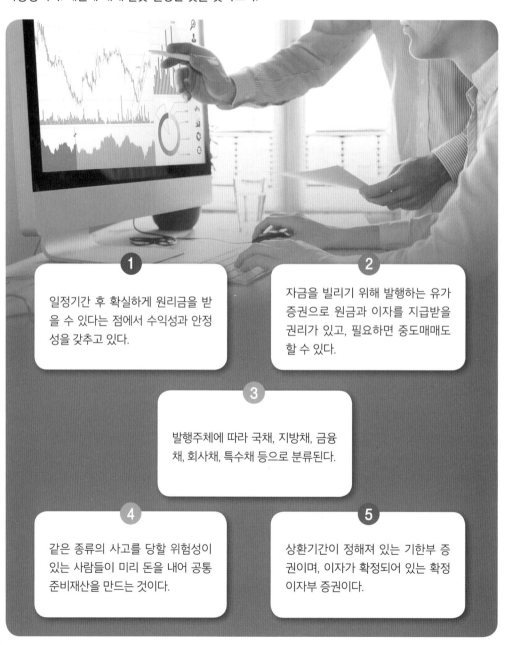

1 일정기간 후 확실하게 원리금을 받을 수 있다는 점에서 수익성과 안정성을 갖추고 있다.

2 자금을 빌리기 위해 발행하는 유가증권으로 원금과 이자를 지급받을 권리가 있고, 필요하면 중도매매도 할 수 있다.

3 발행주체에 따라 국채, 지방채, 금융채, 회사채, 특수채 등으로 분류된다.

4 같은 종류의 사고를 당할 위험성이 있는 사람들이 미리 돈을 내어 공통 준비재산을 만드는 것이다.

5 상환기간이 정해져 있는 기한부 증권이며, 이자가 확정되어 있는 확정이자부 증권이다.

채권자산운용가에 대해 알아보자

채권자산운용가는 증권사가 가진 자금으로 투자자들과 직접 매매 거래를 하는 사람이다. 채권자산운용가에 대해 바르게 설명한 것이 무엇인지 알아보자. (정답은 네 개)

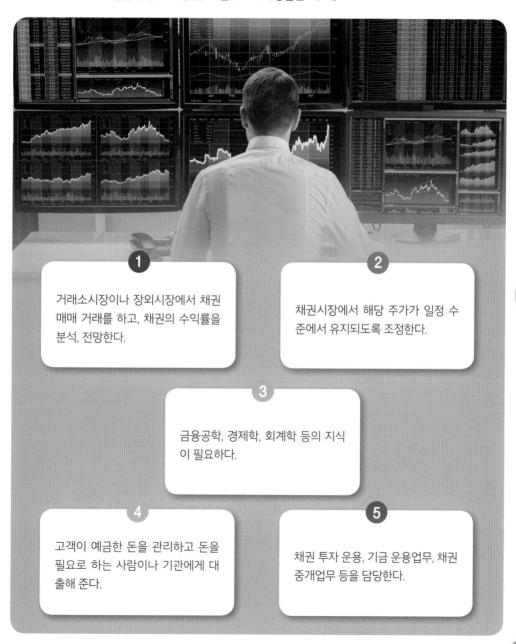

1 거래소시장이나 장외시장에서 채권 매매 거래를 하고, 채권의 수익률을 분석, 전망한다.

2 채권시장에서 해당 주가가 일정 수준에서 유지되도록 조정한다.

3 금융공학, 경제학, 회계학 등의 지식이 필요하다.

4 고객이 예금한 돈을 관리하고 돈을 필요로 하는 사람이나 기관에게 대출해 준다.

5 채권 투자 운용, 기금 운용업무, 채권 중개업무 등을 담당한다.

선물중개인은 무슨 일을 할까?

선물은 파생상품의 한 종류로 상품이나 금융자산을 미래에 어떤 시점에 미리 결정된 가격으로 인도, 인수할 것을 약속하는 거래방식이다. 선물을 중개하는 선물중개인이 하는 일에 대해 바르게 설명한 것을 찾아보자. (정답은 네 개)

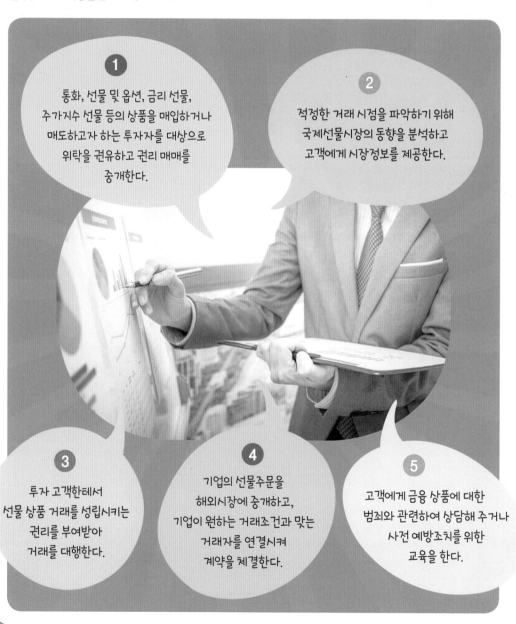

1 통화, 선물 및 옵션, 금리 선물, 주가지수 선물 등의 상품을 매입하거나 매도하고자 하는 투자자를 대상으로 위탁을 권유하고 권리 매매를 중개한다.

2 적정한 거래 시점을 파악하기 위해 국제선물시장의 동향을 분석하고 고객에게 시장정보를 제공한다.

3 투자 고객한테서 선물 상품 거래를 성립시키는 권리를 부여받아 거래를 대행한다.

4 기업의 선물주문을 해외시장에 중개하고, 기업이 원하는 거래조건과 맞는 거래자를 연결시켜 계약을 체결한다.

5 고객에게 금융 상품에 대한 범죄와 관련하여 상담해 주거나 사전 예방조치를 위한 교육을 한다.

선물중개인은 선물회사, 신탁회사, 증권회사, 은행 등에 소속되어 일한다. 선물중개인에게 필요한 능력에 대해 잘못 설명한 것을 찾아보자.

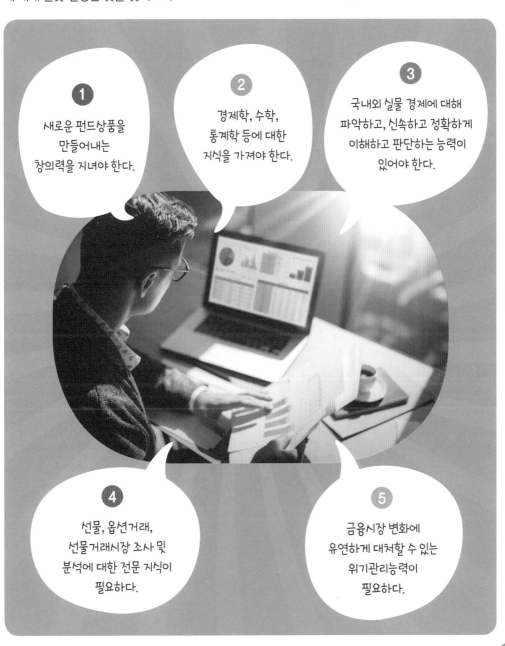

1 새로운 펀드상품을 만들어내는 창의력을 지녀야 한다.

2 경제학, 수학, 통계학 등에 대한 지식을 가져야 한다.

3 국내외 실물 경제에 대해 파악하고, 신속하고 정확하게 이해하고 판단하는 능력이 있어야 한다.

4 선물, 옵션거래, 선물거래시장 조사 및 분석에 대한 전문 지식이 필요하다.

5 금융시장 변화에 유연하게 대처할 수 있는 위기관리능력이 필요하다.

13

소희 고모는 다음과 같은 일을 한다. 소희 고모의 직업은 무엇인지 〈보기〉에서 찾아보자.

주주나 투자자를 대상으로 한
투자설명회 및 관련 홍보활동 등
주주 및 투자자들과의 소통 및
투자 유치를 원활하게 하기 위한 일을 해.

회사의 주가를 분석하고
업계 동향, 경쟁사의 동향을
분석해.

금융 감독원이나 증권 거래소 등
금융 당국에 정확한 정보를
제공하고 보고서를 제출해.

보기

IR(Investor Relations) 전문가, 펀드매니저, 애널리스트

다양한 주식투자 전문가

주식투자와 관련한 다양한 전문가들이 있다. 각각의 주식투자 전문가와 설명이 서로 일치하도록 연결해 보자.

주식중개인

고객의 돈을 운용해서 수익을 내는 일반트레이더와 달리 회사의 자기자본을 통해 수익을 낸다.

프라이빗뱅커(PB)

거액 자산가를 대상으로 예금, 주식, 부동산 등의 자산을 관리하고 세무, 법률, 상속 등의 비금융 업무 서비스도 제공한다.

프랍트레이더

주식을 사거나 팔고자 하는 고객의 주문을 증권거래소에 등록하고, 고객의 거래조건과 맞는 주문자를 찾아 주식을 매매한다.

주식투자 순서

주식투자를 하려면 어떻게 해야 할까? 다음의 설명을 읽고 알맞은 순서대로 번호를 적어보자.

1 자금력이 높아 안전하고, 매매 수수료를 아낄 수 있는 증권사를 고른다.

2 원하는 기업을 선택하여 주식을 매수, 매도한다.

3 증권사 직원을 직접 만나 상담받고 계좌를 만드는 대면 개설, 증권사에 찾아가지 않고 온라인으로 계좌를 만드는 비대면 개설 중 한 가지를 선택한다.

4 계좌를 개설하고 주식거래 프로그램을 설치한 후 해당 증권계좌로 돈을 이체한다.

올바른 순서

① ⟶ (　　) ⟶ (　　) ⟶ ②

주식투자의 올바른 방법

주식투자는 기업을 발전시키고 국가 경제를 살리는 중요한 일이다. 하지만 잘못하면 투기가 될 수 있다. 주식을 투자할 때 어떻게 해야 하는지 올바른 방법이 쓰여진 동전을 찾아 예쁘게 색칠해 보자. (정답은 네 개)

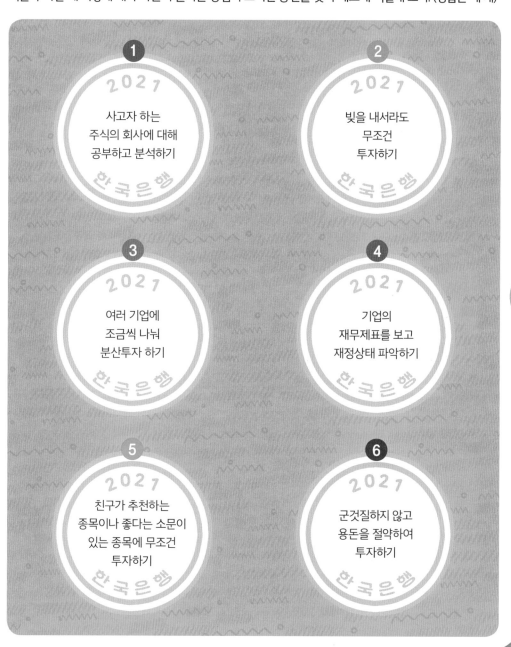

1 2021
사고자 하는
주식의 회사에 대해
공부하고 분석하기
한국은행

2 2021
빚을 내서라도
무조건
투자하기
한국은행

3 2021
여러 기업에
조금씩 나눠
분산투자 하기
한국은행

4 2021
기업의
재무제표를 보고
재정상태 파악하기
한국은행

5 2021
친구가 추천하는
종목이나 좋다는 소문이
있는 종목에 무조건
투자하기
한국은행

6 2021
군것질하지 않고
용돈을 절약하여
투자하기
한국은행

17

세계적인 주식투자 전문가

가치투자로 성공한 세계적인 주식투자 전문가와 설명이 서로 일치하도록 연결해 보자.

워렌 버핏

11살 때 주식을 시작하여 세계 제일의 부자가 된 투자의 귀재다. 기업의 내재가치와 성장률에 근거한 우량기업에 장기간 투자하는 가치투자로 유명하고, 재산의 85%를 사회에 환원하고 기부하는 것으로도 유명하다.

벤저민 그레이엄

미국 월스트리트 역사상 가장 성공한 펀드매니저이며 마젤란 펀드를 세계 최대의 뮤추얼펀드로 키워낸 월가의 영웅이다. 주식은 지식이 아니라 끈기로 해야 한다고 강조했으며 대표적인 저서로 《전설로 떠나는 월가의 영웅》이 있다.

피터 린치

미국의 투자가이자 경제학자, 교수다. 가치투자, 증권분석의 창시자이자 가치투자의 아버지다. 기업의 내재가치와 안전마진을 강조했으며, 대표적인 저서로 《현명한 투자자》, 《증권분석》 등이 있다.

나도 주식투자 전문가가 될 수 있을까?

주식투자 전문가가 나의 소질과 적성에 맞을까? 아래 질문에 답하며 나의 소질과 적성을 확인한 후 주식투자 전문가가 될 수 있는지 알아보자.

	그렇다 – 5점, 보통이다 – 3점, 아니다 – 1점

1. 수학을 좋아하고 경제학, 회계학, 금융 관련 분야를 전공하고 싶다. ( )

2. 주식 관련 책을 읽는 것을 좋아한다. ( )

3. 뉴스에서 기업 소식이 나오는 것을 골라 보며, 기업 오너에 대해서도 관심이 있다. ( )

4. 변화에 유연하게 대처하고 무슨 일이 생기면 빠르게 파악하고 반응한다. ( )

5. 세계 경제와 우리나라 경제와의 관계를 자주 비교해 본다. ( )

6. 주가가 떨어져도 흔들리지 않고 기다리는 인내심이 있다. ( )

7. 해외 기업과 주식에 대한 흥미가 있다. ( )

8. 큰돈을 다룰 수 있는 책임감과 꼼꼼함이 있다. ( )

9. 다른 사람들에게 정보를 제공하고 상담해주는 것을 좋아한다. ( )

10. 분석하고 기획하는 것을 좋아한다. ( )

합계: ( )

40점 이상	주식투자 전문가로 일하는 것이 적성에 딱 맞아!
30점 이상	주식투자 전문가가 될 충분한 자질이 있어!
20점 이상	주식투자 전문가가 꿈이라면 조금 더 노력해 봐!
19점 이하	지금은 주식투자 전문가로 일할 소질이나 적성이 부족해. 주식투자에 관심을 가지고 공부해 봐!

요리조리 미로탈출

주식에 관련된 문제를 풀고 설명이 맞으면 ○, 틀리면 X를 따라 미로를 빠져나가 보자.

❶ 주식투자는 시세 차익을 목적으로 주식회사의 증권을 사고파는 것이다. ○ X

❷ 주식을 사는 것을 매수, 파는 것을 매도라고 하고 개인, 기관, 외국인 등이 주식투자 주체다. ○ X

❸ 주식투자는 수익을 낼 수도 있고 손해를 볼 수도 있기 때문에 여유자금으로 해야 한다. ○ X

❹ 코스피, 코스닥 등의 주식시장에서는 상장주식만 매매할 수 있다. ○ X

❺ 해외 기업의 주식을 사려면 환전을 해야 하고 우리나라와 시차도 있기 때문에 매매가 어렵고 수수료도 비싸서 개인투자는 금지되어 있다. ○ X

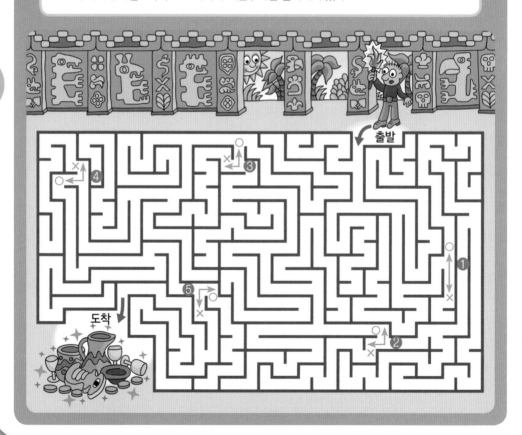

20

퍼즐 속 직업 맞추기

퍼즐 속에서 주식투자와 관련된 직업을 찾아 표시한 후 직업 칸에 적어보자. (정답은 여섯 개)

주식투자와 관련된 직업 찾기 퍼즐

애	일	펀	드	매	니	저	대
널	등	상	주	정	회	사	채
리	코	나	계	선	그	버	권
스	자	스	민	물	워	좌	자
트	채	레	피	중	엄	펀	산
권	주	식	중	개	인	드	운
코	스	닥	이	인	벤	린	용
치	프	랍	트	레	이	더	가

찾은 직업

21

자유롭게 적어 보기

《job? 나는 주식투자 전문가가 될 거야!》를 읽고 주식투자에 관해 새롭게 알게 된 점이나 기억나는 내용을 자유롭게 적어 보자.

같은 종목의 주식이라도 투자할 자금 액수나 투자 기간에 따라 누구에게는 좋은 주식일 수도 있고 누구에게는 맞지 않는 주식일 수도 있구나.

주식은 단기간에 사고파는 것이 아니라 기업과 함께 성장한다는 마음가짐으로 투자해야 하는구나!

22

내가 주식에 투자한다면?

자신이 주식에 투자한다면 어떤 기업에, 어느 정도의 기간 동안, 얼마를 투자하고 싶은지 적어 보자.

4. 선물중개인, 애널리스트, 메리츠자산운용 대표

5. ①, ②, ③, ④

6. ①, ②, ③, ⑤

7. B

8. ②, ③, ④, ⑤

9. ③

10. ④

11. ①, ②, ③, ⑤

12. ①, ②, ③, ④

13. ①

14. IR(Investor Relations) 전문가

15.

16. ③, ④

17. ①, ③, ④, ⑥

18.

20. O, O, O, O, X

21. 애널리스트, 펀드매니저, 선물중개인, 주식중개인, 채권자산운용가, 프랍트레이더